파고다 중국어

티엔티엔 중국어 개정판

기초 1

PAGODA Books

초판 1쇄 발행 2012년 6월 22일
개정판 1쇄 인쇄 2016년 6월 27일
개정판 1쇄 발행 2016년 6월 27일
개정판 17쇄 발행 2025년 1월 16일

지 은 이 | 김혜영
펴 낸 이 | 박경실
펴 낸 곳 | PAGODA Books 파고다북스
출판등록 | 2005년 5월 27일 제 300-2005-90호
주　 　소 | 06614 서울특별시 서초구 강남대로 419, 19층(서초동, 파고다타워)
전　 　화 | (02) 6940-4070
팩　 　스 | (02) 536-0660
홈페이지 | www.pagodabook.com

저작권자 | ⓒ 2016 파고다북스

이 책의 저작권은 저자와 출판사에 있습니다. 서면에 의한 저작권자와 출판사의 허락 없이
내용의 일부 혹은 전부를 인용 및 복제하거나 발췌하는 것을 금합니다.

Copyright ⓒ 2016 by PAGODA Books

All rights reserved. No part of this publication may be reproduced, stored
in a retrieval system, or transmitted, in any form, or by any means, electronic,
mechanical, photocopying, recording or otherwise, without the prior written
permission of the copyright holder and the publisher.

ISBN 978-89-6281-713-3 (14720)

파고다북스	www.pagodabook.com
파고다 어학원	www.pagoda21.com
파고다 인강	www.pagodastar.com
테스트 클리닉	www.testclinic.com

l 낙장 및 파본은 구매처에서 교환해 드립니다.

머리말

　세계의 화두로 급부상한 중국은 정치 경제뿐 아니라 다양한 분야에서 한국과 긴밀한 관계를 유지하고 있습니다. 이러한 시대적 조류에 힘입어 최근 한국에서는 중국어를 배우려는 학습자들의 수요가 폭발적으로 증가하고 있고 동시에 효과적인 중국어 학습을 위한 다양한 학습방법과 학습채널이 등장하고 있습니다.

　본 〈파고다 중국어 기초 시리즈〉는 이러한 중국어 학습 붐에 기인하여 한국인 학습자들의 효율적인 중국어 학습을 위해 오랫동안 강의 현장에서 중국어 학습자들과 소통한 저자와 30여년 동안 중국어 교육을 고민하고 연구해온 파고다 언어교육연구소가 함께 기획하고 집필한 교재입니다.

　저자는 외국어 학습에 있어서 한국인 학습자들이 말하기보다는 문법이 우선시되고 글자에 편중된 학습 성향을 이해하고 있기에 이를 개선할 수 있는 다양한 장치를 마련하였습니다. 무작정 외우고 앵무새처럼 따라 하는 훈련이 아닌 제시된 어휘와 패턴 연습을 통해 스스로 사고하게 하고 자신이 말하고자 하는 이야기를 주어진 상황과 장소에서 적절하게 표현할 수 있는 최적의 방법과 해법을 제시하였습니다.

　2012년 초판을 시작으로 짧은 시간 동안 중국어 기초학습서의 베스트셀러로 그 입지를 확고히 하였고 이에 많은 독자 및 학습자들의 지지에 힘입어 이전보다 더 풍성한 내용과 효과적인 학습방법을 담은 티엔티엔 개정판을 출간하게 됨을 매우 기쁘고 감사하게 생각합니다.

　이번 개정판은 더 많은 중국어 전문가들의 참여와 조언을 바탕으로 집필되었고, 개정 전 티엔티엔(天天 매일매일, 날마다) 중국어라는 교재명처럼 학습자들이 본 교재를 통해 부담 없이 매일매일 재미있고 즐겁게 중국어를 공부할 수 있게 하는 것이 출판의 최종 목표였습니다.

　본 서를 통해 많은 중국어 기초 학습자들이 중국을 더 이해하고 더 깊은 관심을 갖길 바랍니다. 아울러 즐겁고 유쾌한 중국어 학습이 될 것을 기대합니다.

　끝으로 본 서가 나올 수 있도록 아낌없이 지원해주신 파고다 교육그룹 박경실 회장님 이하 모든 파고다 가족들께 다시 한번 고개 숙여 감사함을 전합니다.

2016년 6월 대표저자 김혜영

이 책의 구성과 사용법

1. 학습목표
회화 포인트와 어법 포인트로 구분하여 각 영역의 핵심이 되는 문장과 각 과에서 반드시 학습해야 할 내용이 무엇인지 파악하도록 합니다.

2. 단어 〈生词 Shēngcí〉
본문을 학습하기에 앞서 본문에 나오는 새로운 단어를 익히고 단어와 관련된 다양한 문장을 먼저 숙지하므로 더욱 쉽고 재미있게 본문을 학습할 수 있도록 합니다.

3. 본문 〈课文 Kèwén〉
중국어 기초 학습자에게 꼭 필요한 필수 기초회화로, 비교적 짧은 회화문으로 구성되어 있어 학습자들이 쉽게 내용을 이해하고 암기할 수 있습니다.

 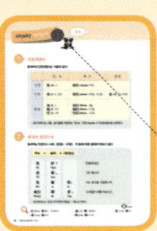

4. 티엔티엔 발음하기 〈发音 Fāyīn〉
중국어는 발음과 성조가 중요한 만큼 학습자들로 하여금 충분한 발음 연습을 통해 중국어 발음 체계를 이해하게 합니다. Chapter 1인 1과부터 7과에 걸쳐 딱딱하고 지루한 발음 연습이 아니라 재미있는 문장 읽기를 통해 유쾌하게 연습할 수 있습니다.

5. 티엔티엔 기억하기 〈语法 Yǔfǎ〉
중국어의 어법체계를 이해하는 코너로, 핵심적인 어법들을 쉽고 체계적으로 설명하였고, 문장 속에서 자연스럽게 어법을 파악할 수 있습니다.

이 책의 학습순서: 새 단어 → 티엔티엔 기억하기 (어법) → 티엔티엔 생각 표현하기 (어휘&문형)

6 티엔티엔 생각 표현하기 〈说一说 Shuō yi shuō〉

중국어의 특징을 고려하여 다양한 문형연습을 통해 중국어 어순을 파악하고 한국어에는 없는 중국어만의 특별한 어법체계를 학습할 수 있도록 도와줍니다. 더 나아가 기초 필수어휘를 접목시켜 반드시 학습하여야 할 '문형과 어휘' 두 마리 토끼를 잡을 수 있는 핵심코너입니다.

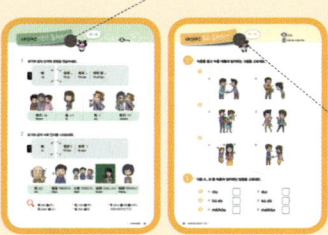

7 티엔티엔 듣고 표현하기 〈听一听 Tīng yi tīng〉

재미있는 그림을 보거나 본문과 연결되는 대화를 듣고 내용을 파악하는 코너로, 기초 청취능력을 제고하고, 나아가 전반적인 청취 능력을 향상시킵니다.

8 티엔티엔 글로 표현하기 〈写一写 Xiě yi xiě〉

각 과의 가장 핵심이 되는 문형과 주요 어휘를 직접 쓰는 연습을 통해 한자는 물론 발음, 뜻을 학습하고, 배열하기를 통하여 전반전인 중국어 수준을 향상시킬 수 있는 실용적인 코너입니다.

9 티엔티엔 생각 펼치기 〈聊一聊 Liáo yi liáo〉

각 과의 회화 포인트와 연관된 보충 어휘를 제시함으로써, 각 과에서 배운 회화문형을 좀 더 다양하게 펼칠 수 있고 나아가 말하기 능력 및 어휘수준을 향상시킬 수 있는 코너입니다.

참고 이 책의 품사 표기 방법!

| 동 동사 | 부 부사 | 명 명사 | 조 조사 | 양 양사 | 수 수사 | 성 성어 | 형 형용사 |
| 전 전치사 | 접 접속사 | 의 의성어 | 대 대명사 | 감 감탄사 | 조동 조동사 | 고유 고유명사 |

목차

Chapter 1

중국어 발음 성모 학습하기 / 운모 학습하기 / 성조 학습하기   11

UNIT 01 你好！ 안녕하세요!   19

    회화 포인트   중국어로 인사하기
    어법 포인트   중국어 문장구조 이해하기

UNIT 02 你好吗? 잘 지내세요?   29

    회화 포인트   중국어로 안부 묻기
    어법 포인트   형용사술어문 및 '吗'의문문 학습하기

UNIT 03 你买书吗? 당신은 책을 삽니까?   41

    회화 포인트   중국어로 상대방의 근황 묻기
    어법 포인트   동사술어문 학습하기 / 주술술어문 학습하기

UNIT 04 这是什么? 이것은 무엇입니까?   53

    회화 포인트   중국어로 사물 묻고 답하기
    어법 포인트   의문사 의문문 학습하기 (1) / '是'자문 학습하기

UNIT 05 您贵姓? 당신의 성은 무엇입니까?   65

    회화 포인트   중국어로 이름과 국적 소개하기
    어법 포인트   의문사 의문문 학습하기 (2)

UNIT 06 你去哪儿? 당신은 어디를 가세요?   75

    회화 포인트   중국어로 행선지 묻고 답하기
    어법 포인트   정반의문문 학습하기

UNIT 07 他是谁? 그는 누구입니까?   87

    회화 포인트   중국어로 소유관계 표현하기
    어법 포인트   구조조사 '的' 학습하기 / '有'자문 학습하기

Chapter 2

UNIT 08 你家有几口人? 당신 가족은 몇 명입니까? 101

　　회화 포인트 중국어로 가족 수와 구성원 묻기
　　어법 포인트 양사 익히기

UNIT 09 你在哪儿工作? 당신은 어디에서 일하세요? 111

　　회화 포인트 중국어로 직업 묻기
　　어법 포인트 전치사구 익히기

UNIT 10 你今年多大? 당신은 올해 나이가 어떻게 되세요? 121

　　회화 포인트 중국어로 나이 묻기
　　어법 포인트 명사술어문 학습하기 / [多 + 형용사] 의문문 학습하기

UNIT 11 今天几月几号? 오늘 몇 월 며칠이에요? 131

　　회화 포인트 중국어로 날짜 표현하기
　　어법 포인트 조동사 '想' 학습하기

UNIT 12 现在几点? 지금 몇 시예요? 141

　　회화 포인트 중국어로 시간 표현하기
　　어법 포인트 연동문 학습하기

UNIT 13 多少钱? 얼마예요? 151

　　회화 포인트 중국어로 금액 읽기
　　어법 포인트 '一点儿' 학습하기

UNIT 14 北京离这儿远吗? 베이징은 여기서 멀어요? 161

　　회화 포인트 중국어로 축원의 표현 익히기
　　어법 포인트 전치사 '离' 학습하기 / 동사 중첩 학습하기

　　본문 해석 / 정답 및 녹음 대본 171
　　索引 찾아보기 181

등장인물
소개

중국인 남자

小东 Xiǎodōng
샤오둥
(20대 초반 남자)

王明 Wáng Míng
왕밍
(20대 초반 남자)

중국인 여자

王丽 Wáng Lì
왕리
(20대 후반 여성)

한국인 남자

民国 Mínguó
민국
(20대 후반 남자)

大韩 Dàhán
대한
(20대 후반 남자)

한국인 여자

美娜 Měinà
미나
(20대 초반 여성)

美珍 Měizhēn
미진
(20대 후반 여성)

Chapter 1

중국어 발음 ~ UNIT 7

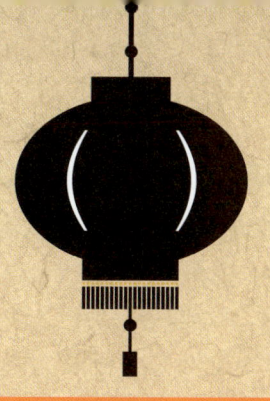

중국어
발음

학습 포인트

★ 성모 학습하기
★ 운모 학습하기
★ 성조 학습하기

중국어 음절 구성

- 중국어의 음절은 성모(声母)와 운모(韵母), 성조(声调)로 구성되며 이를 '한어병음(汉语拼音)'이라고 한다.

1 한어병음_성모

성모는 중국어 음절의 첫 부분에 오는 자음을 말한다. 총 21개로 소리 나는 모양에 따라 분류하면 다음과 같다.

분류					
쌍순음(双脣音) (윗입술과 아랫입술 소리)	b	p	m		+ [o]
순치음(脣齒音) (윗니와 아랫입술 소리)		f			
설첨음(舌尖音) (혀끝과 윗잇몸 소리)	d	t	n	l	+ [e]
설근음(舌根音) (혀뿌리와 입천장 소리)	g	k	h		
설면음(舌面音) (혓바닥과 입천장 소리)	j	q	x		+ [i]
설첨전음(舌尖前音) (혀끝 앞소리)	z	c	s		+ [i]*
설첨후음(舌尖后音) (혀끝 뒷소리)	zh	ch	sh	r	

- 성모는 　　　 등의 운모와 결합하여 발음한다.
* 운모 [i]는 성모 z, c, s / zh, ch, sh, r와 결합할 경우, 우리말의 '으'와 비슷한 발음을 낸다.

❷ 한어병음_운모

운모는 우리말의 중성과 종성에 해당하는 부분으로 총 36개로 이루어져 있다.

[기본 운모]

a	o	e	i	u	ü
			yi	wu	yu

- 　　　 는 i, u, ü가 단독으로 쓰일 경우의 표기법이다.

[복운모, 비운모, 결합운모, 권설운모]

복운모	ai	ei	ao	ou

비운모	an	en	ang	eng	ong

결합운모 (i+운모)	ia	ie	iao	iou(iu)*	ian	in	iang	ing	iong
	ya	ye	yao	you	yan	yin	yang	ying	yong

결합운모 (u+운모)	ua	uo	uai	uei (ui)*	uan	uen (un)*	uang	ueng
	wa	wo	wai	wei	wan	wen	wang	weng

결합운모 (ü+운모)	üe	üan	ün
	yue	yuan	yun

권설운모	er

- 　　　 는 운모 i, u, ü가 뒤에 다른 운모와 결합할 때 각각 y, w, yu로 표기한다.
* iou, uei, uen는 성모와 결합할 때, iu, ui, un으로 표기한다.

3 한어병음_성조

성조는 중국어의 음절이 갖고 있는 소리의 높낮이를 말한다.

중국어 발음에는 네 가지의 기본 성조가 있으며, 발음의 높낮이와 그 표기는 다음과 같다.

▶ 중국어 4성

제1성	제2성	제3성	제4성
mā	má	mǎ	mà
[5-5도]	[3-5도]	[2-1-4도]	[5-1도]

▶ 경성

표준어에서 일부 음절은 원래의 성조를 잃고 가볍고 짧게 발음되는 경우가 있는데 이를 경성이라고 한다. 경성은 성조를 표기하지 않는다.

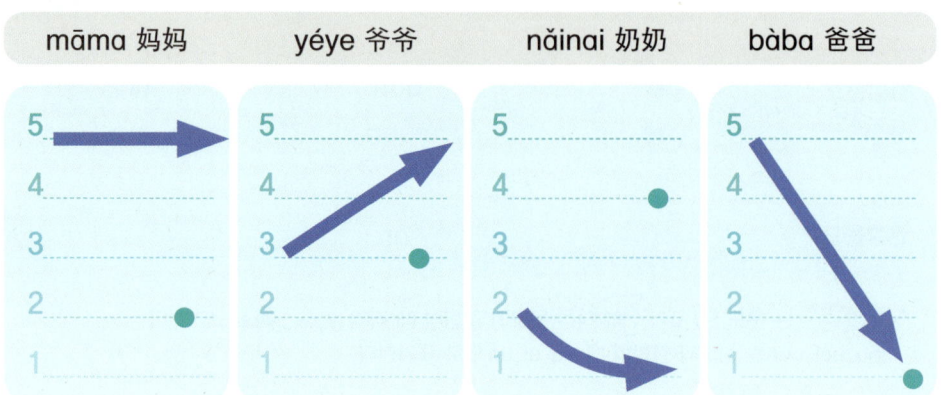

• ● 부분이 경성의 음가이다.

❹ 한어병음_성조 변화

1. 제3성의 성조 변화

① 두 개의 제3성 음절이 연이어 나올 경우, 앞에 나오는 제3성은 '제2성'으로 읽는다.

제3성 + 제3성 → 제2성 + 제3성
Nǐ hǎo → Ní hǎo

- 단, 제3성의 변화는 발음상의 변화이므로 실제 표기 변화는 없다.

② 제3성이 제1, 2, 4성과 경성 앞에 놓이면 '반3성'으로 발음한다.

제3성 + 제1, 2, 4, 경성 → 반3성 + 제1, 2, 4, 경성
Běijīng → Běijīng

예) jǐngchá   lǐmào   nǐmen

- '반3성'이란 제3성 중 앞부분의 내려가는 부분까지만 발음하는 것을 의미한다.

2. 不의 성조 변화

① '不 bù'가 제1, 2, 3성 앞에서는 본래의 성조인 '제4성'으로 발음한다.

bù(不) + 제1, 2, 3성
bù shuō (不说)   bù dú (不读)   bù mǎi (不买)

② '不 bù'가 제4성 앞에서는 제2성으로 변한다. 이때, 성조표기는 변화된 '제2성'으로 표기한다.

bù(不) + 제4성 → bú + 제4성
bù + kàn → bú kàn (不看)

- 부사 '不 bù'는 '아니다, ~하지 않는다'라는 의미를 나타낸다.

중국어 발음 15

3. 一의 성조 변화

① 본래의 성조인 제1성으로 발음하는 경우

　　'一yī'가 단독으로 쓰이거나 서수로 쓰일 때

　　예) yī (一)　　　　　　　dìyī (第一)

② 제4성으로 발음하는 경우

　　'一yī'가 제1, 2, 3성 앞에 놓일 때

　　예) yì tiān (一天)　　　　yì nián (一年)

③ 제2성으로 발음하는 경우

　　'一yī'가 제4성 혹은 제4성이 변한 경성 앞에 놓일 때

　　예) yí xià (一下)　　　　yí ge (一个)

❺ 한어병음 표기 유의점

성조

① 성조는 운모 위에 표기한다.

　예) tà　　dé　　kū

② 운모가 두 개 이상일 경우 입을 벌리는 정도가 큰 운모(기본 운모) 순으로 성조를 표기한다.

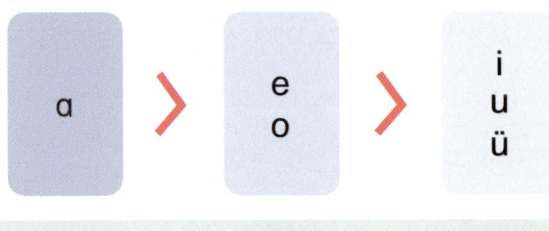

예) hǎo　　　xiè　　　guó

③ 운모 i에 성조를 표기할 경우 i 위의 점은 생략한다.

> 예 nǐ   bì   pī

④ 운모 i와 u가 나란히 있는 경우, 뒤에 오는 운모에 성조를 표기한다.

> 예 jiǔ   duì   shuǐ

운모

① 운모 i, u, ü가 단독으로 쓰일 경우 아래와 같이 표기한다.

> i → yi   u → wu   ü → yu

② 운모 i, u, ü가 성모 없이 다른 운모와 함께 쓰일 경우 각각 y, w, yu로 표기한다.

> ie → ye   uo → wo   üe → yue

③ 성모 j, q, x와 ü가 결합할 때 ü의 두 점은 생략하여 u로 표기한다.

> j+ü → ju   x+üe → xue   q+üan → quan

단, 표기상의 변화이므로 발음은 그대로 ü로 발음한다.

④ iou, uei, uen가 성모와 결합할 때 『성모 + iu/ui/un』로 표기한다.

> l+iou → liu   d+uei → dui   k+uen → kun

티엔티엔 발음하기 00-05

▶ 중국어로 숫자를 읽어보세요.

yī	èr	sān
一	二	三
1	2	3

sì	wǔ	liù
四	五	六
4	5	6

qī	bā	jiǔ	shí
七	八	九	十
7	8	9	10

UNIT 1

你好!
Nǐ hǎo!

안녕하세요!

01-01

회화 포인트

중국어로 인사하기

你好！
Nǐ hǎo!
안녕하세요 !

谢谢！
Xièxie!
감사합니다 !

어법 포인트

중국어 문장구조 이해하기

我爱你。
Wǒ ài nǐ.
나는 당신을 사랑합니다.

단어

生词

你	[nǐ]	때 너, 당신
好	[hǎo]	형 좋다, 안녕하다
您	[nín]	때 당신 (你의 존칭어)
谢谢	[xièxie]	감사합니다
不	[bù]	부 아니다, ~(하)지 않다
客气	[kèqi]	형 공손하다 동 사양하다
不客气	[bú kèqi]	천만에요, 별말씀을요
对不起	[duìbuqǐ]	미안합니다
没关系	[méi guānxi]	문제없다, 괜찮다
再见	[zàijiàn]	안녕히 가세요(계세요)
老师	[lǎoshī]	명 선생님
小东	[Xiǎodōng]	인명 샤오둥
民国	[Mínguó]	인명 민국

본문

课文

老师	你好！	
lǎoshī	Nǐ hǎo!	

民国	您好！	
Mínguó	Nín hǎo!	

小东	谢谢！	
Xiǎodōng	Xièxie!	

民国	不客气！	
Mínguó	Bú kèqi!	

小东	对不起！	
Xiǎodōng	Duìbuqǐ!	

民国	没关系！	
Mínguó	Méi guānxi!	

小东	再见！	
Xiǎodōng	Zàijiàn!	

民国	再见！	
Mínguó	Zàijiàn!	

티엔티엔 발음하기  发音

 01-04

발음 1 녹음을 듣고 성조변화에 주의하여 읽어보세요.

중국어 발음편 15p 참조

〈3성의 성조변화〉

3성+1성	lǎoshī	hěn gāo
3성+2성	qǐng dú	Fǎguó
3성+3성	měihǎo	lǐjiě
3성+4성	kěshì	hǎokàn
3성+경성	hǎo le	nǎinai

〈'不'의 성조변화〉

不 bù + 1성	bù duō	bù kū
不 bù + 2성	bù máng	bù néng
不 bù + 3성	bù hǎo	bù xiǎo
不 bú + 4성	bú dàn	bú jìn

발음 2 다음 문장을 성조변화에 주의하여 읽어보세요.

① Wǒ xiǎng tā, tā xiǎng wǒ.

我想他，他想我。
나는 그를 생각하고, 그는 나를 생각한다.

② Bú dà bù xiǎo.

不大不小。
크지도 작지도 않다.

③ Xiǎomíng hē kělè, Xiǎomín hē jiǔ.

小明喝可乐，小民喝酒。
샤오밍은 콜라를 마시고, 샤오민은 술을 마신다.

티엔티엔 기억하기 语法

어법 1 · 인칭대명사

중국어의 인칭대명사는 다음과 같다.

	단 수	복 수	존 칭
1인칭	我 wǒ 나	我们 wǒmen 우리	
2인칭	你 nǐ 너, 당신	你们 nǐmen 너희들, 당신들	您 nín 당신(존칭)
3인칭	他 tā 그 她 tā 그녀 *它 tā 그것	他们 tāmen 그들 她们 tāmen 그녀들 *它们 tāmen 그것들	

* 중국어에서는 사물, 동식물을 지칭하는 '它 tā, 它们 tāmen'도 인칭대명사로 분류한다.

어법 2 · 중국어 문장구조

중국어는 인칭이나 시제, 성(性), 수(数), 격 등에 따른 형태의 변화가 없다.

주어 + 술어 + (목적어)

你 Nǐ	好¹! hǎo!		안녕하세요!
他 Tā	看². kàn.		그는 봅니다.
我 Wǒ	爱³ ài	你. nǐ.	나는 당신을 사랑합니다.
她们 Tāmen	喝⁴ hē	茶⁵. chá.	그녀들은 차를 마십니다.

* 중국어에서는 문장 마지막에 마침표 '。'를 표기한다.

01-05

1 好 [hǎo] 형 좋다, 안녕하다
2 看 [kàn] 동 보다
3 爱 [ài] 동 사랑하다
4 喝 [hē] 동 마시다
5 茶 [chá] 명 차

티엔티엔 생각 표현하기

说一说

 01-06

1 보기와 같이 단어와 문형을 연습하세요.

| 보기 | 他 tā | 他来¹。 Tā lái. | 他买²。 Tā mǎi. | 他吃³饭⁴。 Tā chī fàn. |

他们 그들
tāmen

她 그녀
tā

我 나
wǒ

我们 우리
wǒmen

2 보기와 같이 서로 인사를 나눠보세요.

| 보기 | 你 nǐ | 你好！ Nǐ hǎo! | 你早⁵！ Nǐ zǎo! |

 您 당신 nín

 爸爸 아빠(아버지) bàba

 大家 여러분(모두) dàjiā

 老师 선생님, 교사 lǎoshī

 妈妈 엄마(어머니) māma

 단어

1 来 [lái] 동 오다
2 买 [mǎi] 동 사다
3 吃 [chī] 동 먹다
4 饭 [fàn] 명 밥
5 早 [zǎo] 명 아침 형 이르다, 안녕하세요(아침 인사)

1. 안녕하세요! 25

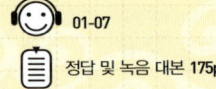

 听一听

티엔티엔 듣고 표현하기

듣기 1 녹음을 듣고 녹음 내용과 일치하는 그림을 고르세요.

① A B

② A B

③ A B

듣기 2 다음 A, B 중 녹음과 일치하는 발음을 고르세요.

① A diū ☐ B duì ☐

② A bú dà ☐ B bù dà ☐

③ A měihǎo ☐ B mèihǎo ☐

티엔티엔 글로 표현하기

 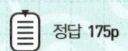

정답 175p

쓰기 1
빈칸에 들어갈 알맞은 단어를 보기에서 고르세요.

| 보기 | A 她 tā | B 喝 hē | C 老师 lǎoshī | D 他 tā | E 吃 chī |

1. _____ 好! 선생님 안녕하세요!
   　　　hǎo!

2. _____ 来。 그녀는 옵니다.
   　　　lái.

3. 我 _____ 茶。 나는 차를 마십니다.
   Wǒ　　　chá.

쓰기 2
주어진 단어를 어순에 맞게 배열하세요.

1. 他　　我　　看
   tā　　wǒ　　kàn

   _____。 그는 나를 봅니다.

2. 好　　你们
   hǎo　 nǐmen

   _____! 너희들 안녕!

3. 爱　　你　　我
   ài　　nǐ　　wǒ

   _____。 나는 당신을 사랑합니다.

1. 안녕하세요! 27

티엔티엔 생각펼치기

聊一聊

01-08

다양한 인사표현 익히기

만났을 때	헤어질 때

만났을 때

〈아침 인사〉

早! 안녕하세요!
Zǎo!

早上好! 안녕하세요!
Zǎoshang hǎo!

〈오후 인사〉

下午好! 안녕하세요!
Xiàwǔ hǎo!

〈저녁 인사〉

晚上好! 안녕하세요!
Wǎnshang hǎo!

晚安! 안녕히 주무세요!
Wǎn'ān!

〈오랜만에 만났을 때 인사〉

好久不见! 오랜만이에요!
Hǎo jiǔ bú jiàn!

헤어질 때

明天见! 내일 봐요!
Míngtiān jiàn!

拜拜! Bye-bye!
Báibai!

慢走! 조심해서 가세요!
Mànzǒu!

UNIT 2

你好吗?
Nǐ hǎo ma?

잘 지내세요?

회화 포인트

중국어로 안부 묻기

你好吗?
Nǐ hǎo ma?
잘 지내십니까?

我很好。
Wǒ hěn hǎo.
저는 잘 지냅니다.

어법 포인트

형용사술어문 및 '吗'의문문 학습하기

你忙吗?
Nǐ máng ma?
당신은 바쁜가요?

단어

生词

吗	[ma]	조 ~입니까?
我	[wǒ]	대 나
很	[hěn]	부 매우, 아주
呢	[ne]	조 ~은(요)?
也	[yě]	부 ~도, 또한
家人	[jiārén]	명 가족
都	[dōu]	부 모두
他们	[tāmen]	대 그들
王明	[Wáng Míng]	인명 왕밍
大韩	[Dàhán]	인명 대한

본문  课文  02-03
본문 해석 172p

| 王明 | 你好吗？ |
| Wáng Míng | Nǐ hǎo ma? |

> 의문조사 '呢 ne'는 앞에서 언급한 내용을 다시 상대방에게 물을 때 사용한다.
>
> 예) 我很忙，你呢？
> Wǒ hěn máng, nǐ ne?
> 저는 바빠요. 당신은요?

| 大韩 | 我很好，你呢？ |
| Dàhán | Wǒ hěn hǎo, nǐ ne? |

| 王明 | 我也很好，你家人都好吗？ |
| Wáng Míng | Wǒ yě hěn hǎo, nǐ jiārén dōu hǎo ma? |

| 大韩 | 他们也都很好。 |
| Dàhán | Tāmen yě dōu hěn hǎo. |

티엔티엔 발음하기

发音

발음 1 녹음을 듣고 [기본 운모 + 성모] 결합에 주의하여 읽어보세요.

a o e i u ü

a	tā 他 그(남자)	dǎ 打 때리다	mà 骂 욕하다
o	bō 波 파도	pò 破 찢어지다, 망가지다	mō 摸 어루만지다
e	hē 喝 마시다	kě 渴 목마르다	dé 得 얻다
i	jī 鸡 닭	chī 吃 먹다	yī 一 숫자 일, 1
u	shū 书 책	dú 读 읽다	wǔ 五 숫자 오, 5
ü	nǚ 女 여자	qù 去 가다	yǔ 雨 비

yě	yòu	wǒ	wéi	yuè	yuǎn
也 역시	又 또	我 나	喂 여보세요	月 달(월)	远 멀다

발음 2 다음 문장을 발음에 주의하여 읽어보세요.

① Tā hē chá.
她喝茶。
그녀는 차를 마신다.

② Mèimei kě, jiějie è.
妹妹渴，姐姐饿。
여동생은 목마르고, 누나(언니)는 배고프다.

③ Wǒ yào yǔsǎn.
我要雨伞。
나는 우산이 필요하다.

티엔티엔 기억하기

어법 1   형용사술어문

형용사가 술어인 문장을 '형용사술어문'이라고 한다.

긍정형

형용사 앞에 정도부사 '很 hěn'을 붙여 나타낸다.

주어	+	很	+	술어	
我 Wǒ		很 hěn		好。 hǎo.	저는 잘 지냅니다.
我 Wǒ		很 hěn		忙¹。 máng.	저는 바쁩니다.
他们 Tāmen		很 hěn		累²。 lèi.	그들은 피곤합니다.

이때 '매우'라는 뜻의 정도부사 '很'은, 그 의미가 강조될 때를 제외하고 대부분 해석되지 않는다.

부정형

부정문에는 형용사 앞에 부사 '不 bù'를 붙인다.

주어	+	不	+	술어	
我 Wǒ		不 bù		好。 hǎo.	저는 잘 지내지 못합니다.
我 Wǒ		不 bù		忙。 máng.	저는 바쁘지 않습니다.
他们 Tāmen		不 bú		累。 lèi.	그들은 피곤하지 않습니다.

단어   1 忙 [máng] 형 바쁘다   2 累 [lèi] 형 피곤하다

어법 2 '吗' 의문문

의문조사 '吗 ma'는 문장 끝에 놓여 '~입니까'라는 뜻의 의문문을 만든다.

주어 +	술어 +	(목적어) +	吗?	
你 Nǐ	好 hǎo		吗? ma?	당신은 잘 지내십니까?
他 Tā	看 kàn		吗? ma?	그는 봅니까?
你 Nǐ	爱 ài	我 wǒ	吗? ma?	당신은 나를 사랑합니까?

티엔티엔 생각 표현하기

1 보기와 같이 단어와 문형을 연습하세요.

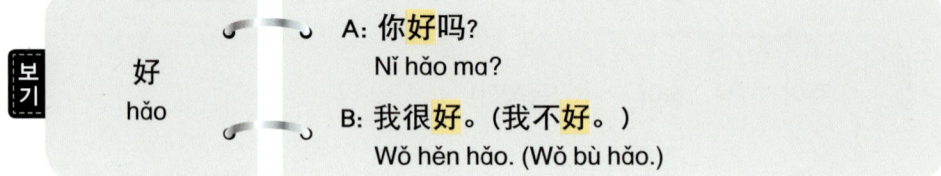

보기: 好 hǎo
A: 你好吗? Nǐ hǎo ma?
B: 我很好。(我不好。) Wǒ hěn hǎo. (Wǒ bù hǎo.)

忙 máng 바쁘다

渴 kě 목마르다

饿 è 배고프다

累 lèi 피곤하다

2 다음 그림을 보고 가족의 안부를 물어보세요.

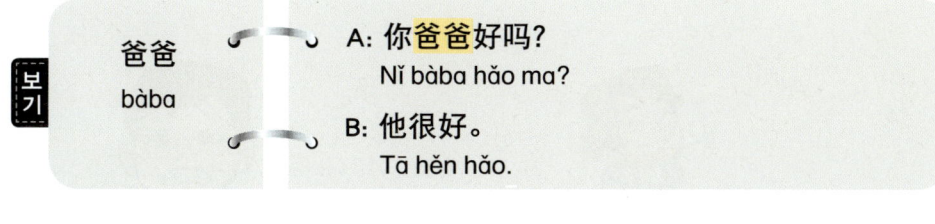

보기
爸爸
bàba

A: 你爸爸好吗?
　　Nǐ bàba hǎo ma?
B: 他很好。
　　Tā hěn hǎo.

보기
爸爸 / 妈妈
bàba / māma

A: 你爸爸、妈妈都好吗?
　　Nǐ bàba、māma dōu hǎo ma?
B: 他们都很好，你爸爸、妈妈呢?
　　Tāmen dōu hěn hǎo, nǐ bàba、māma ne?
A: 他们也都很好。
　　Tāmen yě dōu hěn hǎo.

爷爷　　　　　　　　　奶奶
yéye　　　　　　　　　nǎinai

姐姐　　哥哥　　弟弟　　妹妹
jiějie　　gēge　　dìdi　　mèimei

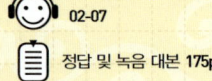

티엔티엔 듣고 표현하기

듣기 1 녹음을 듣고 녹음 내용과 일치하는 그림을 고르세요.

듣기 2 다음 A, B 중 녹음과 일치하는 발음을 고르세요.

1. A pú   B fú
2. A nǚ   B lǜ
3. A sè   B shè

티엔티엔 글로 표현하기

读一读

정답 175p

쓰기 1
빈칸에 들어갈 알맞은 단어를 보기에서 고르세요.

보기 A 很 hěn   B 也 yě   C 好 hǎo   D 吗 ma   E 忙 máng

1) 我 _____ 累。 나는 피곤합니다.
   Wǒ _____ lèi.

2) 你好 _____ ? 잘 지내십니까?
   Nǐ hǎo _____ ?

3) 他很 _____ 。 그는 바쁩니다.
   Tā hěn _____ .

쓰기 2
주어진 단어를 어순에 맞게 배열하세요.

1) 也   他   好   很
   yě   tā   hǎo   hěn

   _____ 。 그도 잘 지냅니다.

2) 都   你家人   吗   好
   dōu   nǐ jiārén   ma   hǎo

   _____ ? 당신 가족은 모두 잘 지내십니까?

3) 不   我   累
   bú   wǒ   lèi

   _____ 。 나는 피곤하지 않습니다.

2. 잘 지내세요? 39

聊一聊

02-08

티엔티엔 생각펼치기

나의 가족 (我的家人 Wǒ de jiārén)

爷爷 yéye 할아버지 — **奶奶** nǎinai 할머니

姥爷(外公) lǎoye(wàigōng) 외할아버지 — **姥姥(外婆)** lǎolao(wàipó) 외할머니

爸爸 bàba 아빠, 아버지

妈妈 māma 엄마, 어머니

姐姐 / 哥哥 jiějie / gēge 누나(언니) / 형(오빠)

我 wǒ 나

弟弟 / 妹妹 dìdi / mèimei 남동생 / 여동생

Tip

女儿 nǚ'ér 명 딸   儿子 érzi 명 아들

40 파고다 중국어 기초 1

UNIT 3

你买书吗?
Nǐ mǎi shū ma?

당신은 책을 삽니까?

03-01

회화 포인트

중국어로 상대방의 근황 묻기

你工作忙吗?
Nǐ gōngzuò máng ma?
당신은 일이 바쁩니까?

어법 포인트

동사술어문 학습하기

我看书。
Wǒ kàn shū.
나는 책을 봅니다.

주술술어문 학습하기

他身体很好。
Tā shēntǐ hěn hǎo.
그는 건강이 좋습니다.

단어

生词

买	[mǎi]	동	사다
书	[shū]	명	책
工作	[gōngzuò]	명동	일(하다)
忙	[máng]	형	바쁘다
爸爸	[bàba]	명	아빠, 아버지
身体	[shēntǐ]	명	몸, 신체, 건강
他	[tā]	대	그(남자)
美娜	[Měinà]	인명	미나

美娜 Měinà	你买书吗? Nǐ mǎi shū ma?
大韩 Dàhán	我买书，你呢? Wǒ mǎi shū, nǐ ne?
美娜 Měinà	我不买书。 Wǒ bù mǎi shū.
大韩 Dàhán	你工作忙吗? Nǐ gōngzuò máng ma?
美娜 Měinà	我工作不忙。 Wǒ gōngzuò bù máng.
大韩 Dàhán	你爸爸身体好吗? Nǐ bàba shēntǐ hǎo ma?
美娜 Měinà	他身体很好。 Tā shēntǐ hěn hǎo.

티엔티엔 발음하기

发音
 03-04

발음 1 녹음을 듣고 [복운모 / 비운모 + 성모] 결합에 주의하여 읽어보세요.

ai ei ao ou

ai	tài 太 너무	mǎi 买 사다
ei	lèi 累 피곤하다	gěi 给 주다
ao	bǎo 饱 배부르다	gāo 高 높다
ou	tóu 头 머리	zǒu 走 걷다

an en ang eng ong

an	tán 谈 이야기하다	zhàn 站 서다
en	zhēn 真 정말로	rén 人 사람
ang	pàng 胖 뚱뚱하다	zāng 脏 더럽다
eng	téng 疼 아프다	lěng 冷 춥다
ong	dǒng 懂 이해하다	sòng 送 보내다

발음 2 다음 문장을 발음에 주의하여 읽어보세요.

① **Tā zhēn màn.**

他真慢。
그는 정말 느리다.

② **Tóu téng, shǒu zāng.**

头疼，手脏。
머리는 아프고, 손은 더럽다.

③ **Zhōumò kuàilè!**

周末快乐！
즐거운 주말 보내세요!

티엔티엔 기억하기

语法

 동사술어문

동사가 술어인 문장을 '동사술어문'이라고 하며 뒤에 목적어를 수반할 수 있다.

긍정형

주어 + 술어(동사) + 목적어

| 我 Wǒ | 看 kàn | 书。shū. | 나는 책을 봅니다. |
| 他 Tā | 吃 chī | 饭。fàn. | 그는 밥을 먹습니다. |

부정형

주어 + 不 + 술어(동사) + 목적어

| 我 Wǒ | 不 bú* | 看 kàn | 书。shū. | 나는 책을 보지 않습니다. |
| 他 Tā | 不 bù | 吃 chī | 饭。fàn. | 그는 밥을 먹지 않습니다. |

* 不[bù]는 뒤에 4성 글자가 나올 경우 不[bú] 2성으로 발음한다.

吗자 의문형

주어 + 술어(동사) + 목적어 + 吗?

| 你 Nǐ | 看 kàn | 书 shū | 吗? ma? | 당신은 책을 봅니까? |
| 他 Tā | 吃 chī | 饭 fàn | 吗? ma? | 그는 밥을 먹습니까? |

어법 2 주술술어문

'주술술어문'이란 술어 부분이 '주어 + 술어'로 이루어진 문장을 말한다.

긍정형

주어 + ___술어___
　　　주어 + 술어

| 我 Wǒ | 身体 shēntǐ | 很 hěn | 好。 hǎo. | 나는 건강이 좋습니다. |
| 她 Tā | 工作 gōngzuò | 很 hěn | 忙。 máng. | 그녀는 일이 바쁩니다. |

부정형

주어 + ___술어___
　　　주어 + 不 + 술어

| 我 Wǒ | 身体 shēntǐ | 不 bù | 好。 hǎo. | 나는 건강이 좋지 않습니다. |
| 她 Tā | 工作 gōngzuò | 不 bù | 忙。 máng. | 그녀는 일이 바쁘지 않습니다. |

吗자 의문형

주어 + ___술어___ + 吗?
　　　주어 + 술어

| 你 Nǐ | 身体 shēntǐ | 好 hǎo | 吗? ma? | 당신은 건강이 좋습니까? |
| 她 Tā | 工作 gōngzuò | 忙 máng | 吗? ma? | 그녀는 일이 바쁩니까? |

3. 당신을 책을 삽니까?

 说一说

1 보기와 같이 단어와 문형을 연습하세요.

 买 / 书
mǎi / shū

A: 你买书吗?
Nǐ mǎi shū ma?

B: 我买书。(我不买书。)
Wǒ mǎi shū. (Wǒ bù mǎi shū.)

喝 / 茶
hē / chá

A: 她喝茶吗?
Tā hē chá ma?

B: _____。
    _____.

吃 / 饭
chī / fàn

A: 你吃饭吗?
Nǐ chī fàn ma?

B: _____。
    _____.

学¹ / 汉语²
xué / Hànyǔ

A: 你学汉语吗?
Nǐ xué Hànyǔ ma?

B: _____。
    _____.

1 学 [xué] 동 배우다, 학습하다   2 汉语 [Hànyǔ] 명 중국어

2 보기와 같이 단어와 문형을 연습하세요.

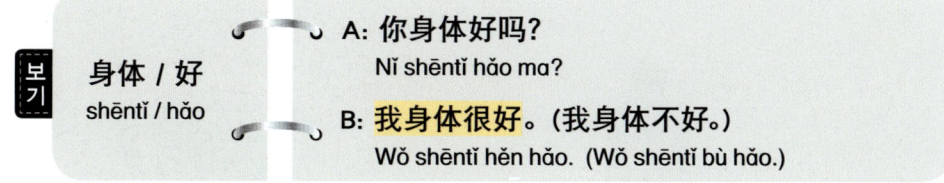

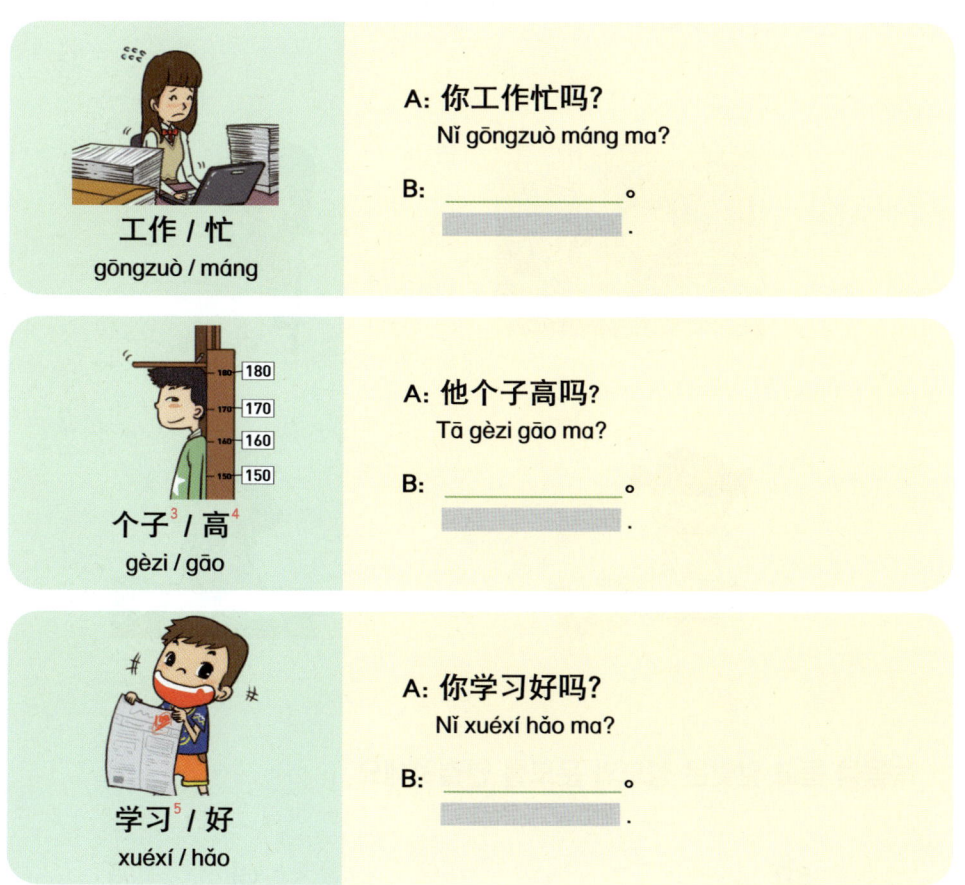

₃ 个子 [gèzi] 명 키　　₄ 高 [gāo] 형 높다, (키가) 크다　　₅ 学习 [xuéxí] 명 동 공부(하다)

티엔티엔 듣고 표현하기

听一听

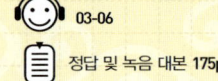
03-06
정답 및 녹음 대본 175p

듣기 1

녹음을 듣고 녹음 내용과 일치하는 그림을 고르세요.

① ☐

A 　　B

② ☐

A 　　B

③ ☐

A 　　B

듣기 2

녹음을 듣고 알맞은 성모와 운모를 연결하세요.

① sh　•　　　　•　ei

② d　•　　　　•　ang

③ p　•　　　　•　ong

티엔티엔 글로 표현하기

 写一写

정답 176p

쓰기 1 빈칸에 들어갈 알맞은 단어를 보기에서 고르세요.

| 보기 | A 学 xué | B 工作 gōngzuò | C 不 bù | D 买 mǎi | E 身体 shēntǐ |

① 他 _____ 很忙。　　그는 일이 바쁩니다.
　Tā　　　　　hěn máng.

② 我 _____ 书。　　나는 책을 삽니다.
　Wǒ　　　　　shū.

③ 你爸爸 _____ 好吗?　　당신 아버지는 건강하십니까?
　Nǐ bàba　　　hǎo ma?

쓰기 2 주어진 단어를 어순에 맞게 배열하세요.

① 书　　我　　不　　买
　shū　wǒ　bù　mǎi

_____。　나는 책을 사지 않습니다.

② 他　　忙　　很　　工作
　tā　máng　hěn　gōngzuò

_____。　그는 일이 바쁩니다.

③ 吗　　身体　　好　　他
　ma　shēntǐ　hǎo　tā

_____?　그는 건강이 좋습니까?

3. 당신을 책을 삽니까?　51

티엔티엔 생각펼치기

聊一聊

나의 물건 (我的东西 Wǒ de dōngxi)

 **手机** shǒujī 휴대 전화, 휴대폰	 **手表** shǒubiǎo 손목시계	 **书包** shūbāo 책가방
 **本子** běnzi 노트	 **电脑** diànnǎo 컴퓨터	 **平板电脑** píngbǎn diànnǎo 테블릿 PC
 **钱包** qiánbāo 지갑	 **雨伞** yǔsǎn 우산	 **笔** bǐ 펜

UNIT 4

这是什么?
Zhè shì shénme?

이것은 무엇입니까?

04-01

회화 포인트

중국어로 사물 묻고 답하기

这是什么?
Zhè shì shénme?
이것은 무엇입니까?

这是笔。
Zhè shì bǐ.
이것은 펜입니다.

어법 포인트

의문사 의문문 학습하기 (1)

你看什么?
Nǐ kàn shénme?
당신은 무엇을 봅니까?

'是'자문 학습하기

那是电脑。
Nà shì diànnǎo.
저것은 컴퓨터입니다.

단어

生词   04-02

这	[zhè]	대 이(것)
是	[shì]	동 ~이다(입니다)
什么	[shénme]	대 무엇
笔	[bǐ]	명 펜
那	[nà]	대 저(것), 그(것)
电视	[diànshì]	명 TV
电脑	[diànnǎo]	명 컴퓨터
喝	[hē]	동 마시다
咖啡	[kāfēi]	명 커피
吃	[chī]	동 먹다
面包	[miànbāo]	명 빵
美珍	[Měizhēn]	인명 미진

본문  课文

> 사물·장소 등을 지칭하는 지시대명사 这[zhè], 那[nà]
> —제6과 '지시대명사' 80p 참조

小东　　这是什么?
Xiǎodōng　Zhè shì shénme?

美珍　　这是笔。
Měizhēn　Zhè shì bǐ.

小东　　那是电视吗?
Xiǎodōng　Nà shì diànshì ma?

美珍　　那不是电视，那是电脑。
Měizhēn　Nà bú shì diànshì, nà shì diànnǎo.

小东　　你喝什么?
Xiǎodōng　Nǐ hē shénme?

美珍　　我喝咖啡。你吃什么?
Měizhēn　Wǒ hē kāfēi. Nǐ chī shénme?

小东　　我吃面包。
Xiǎodōng　Wǒ chī miànbāo.

티엔티엔 발음하기  发音

발음 1
녹음을 듣고 [결합운모 + 성모] 결합에 주의하여 읽어보세요.

| ia | ie | iao | ua | uo | uai |

ia	jiā 家 집	xiā 虾 새우	yā 鸭 오리
ie	jié 节 기념일	tiē 贴 붙이다	yè 页 페이지
iao	niǎo 鸟 새	xiào 笑 웃다	yào 要 원하다
ua	zhuā 抓 잡다	huà 画 그림	wā 哇 와!
uo	guó 国 나라	shuō 说 말하다	wǒ 我 나
uai	shuài 帅 잘생기다	guài 怪 이상하다	wài 外 밖

발음 2   다음 문장을 발음에 주의하여 읽어보세요.

① Wǒ yào xiā, tā yào yā.

我要虾，他要鸭。
나는 새우를 원하고, 그는 오리를 원하다.

② Wǒ hěn guāi, tā hěn shuài.

我很乖，他很帅。
나는 착하고, 그는 잘생겼다.

③ Xuésheng huà huàr, lǎoshī shuō huà.

学生画画儿★，老师说话。
학생은 그림을 그리고, 선생님은 말씀을 하신다.

발음 Tip   ★ 儿[er]화 운모

儿화 운모를 만드는 방법은 운모 뒤에 −r를 붙이고, 한자 뒤에 儿를 표기한다.
儿화는 북방지역 사람들의 습관이며 작고 귀여운 것을 나타낼 때 주로 사용한다.

huā (花) + er (儿) → huār (花儿)

4. 이것은 무엇입니까?   57

티엔티엔 기억하기 语法

어법 1 의문사 의문문 및 의문대명사 什么

'의문사 의문문'이란 '무엇, 어디, 누구, 몇, 어떻게' 등과 같이 '의문대명사'를 사용한 의문문이다.

의문대명사 '什么 shénme'는 '무엇' 혹은 '무슨, 어떤'이라는 뜻으로 사물을 물을 때 쓴다.

주어 + 술어 + 什么?

① A 你 看 什么? — 당신은 무엇을 봅니까?
     Nǐ kàn shénme?

   B 我 看 电视。 — 나는 TV를 봅니다.
     Wǒ kàn diànshì.

② A 他 喝 什么? — 그는 무엇을 마십니까?
     Tā hē shénme?

   B 他 喝 咖啡。 — 그는 커피를 마십니다.
     Tā hē kāfēi.

이 외에도 '누구 谁 shéi, 어디 哪儿 nǎr, 어느 哪 nǎ' 등의 의문대명사가 있다.

어법 2 是자문

是자문은 동사 '是 shì'가 술어로 쓰인 문장으로 '~이다' 혹은 '~입니다'의 뜻을 나타낸다.

긍정형

A + 是 + B — A는 B입니다(이다).

这 是 笔。 — 이것은 펜입니다.
Zhè shì bǐ.

我 是 韩国人[1]。 — 나는 한국인입니다.
Wǒ shì Hánguórén.

他 是 学生[2]。 — 그는 학생입니다.
Tā shì xuésheng.

1 韩国人 [Hánguórén] 명 한국인   2 学生 [xuésheng] 명 학생

티엔티엔 생각 표현하기  说一说  04-06

1 보기와 같이 단어와 문형을 연습하세요.

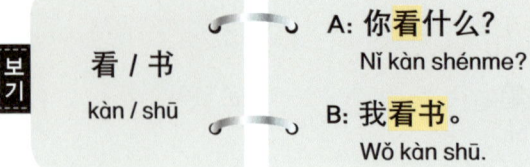

보기
看 / 书
kàn / shū

A: 你看什么?
　Nǐ kàn shénme?

B: 我看书。
　Wǒ kàn shū.

吃 chī — 饭 fàn / 包子[1] bāozi / 面包 miànbāo

喝 hē — 咖啡 kāfēi / 啤酒[2] píjiǔ / 可乐[3] kělè

看 kàn — 报[4] bào / 电视 diànshì / 电影[5] diànyǐng

 단어

1 包子 [bāozi] 명 (찐) 만두
2 啤酒 [píjiǔ] 명 맥주
3 可乐 [kělè] 명 콜라
4 报 [bào] 명 신문
5 电影 [diànyǐng] 명 영화

2 보기와 같이 단어와 문형을 연습하세요.

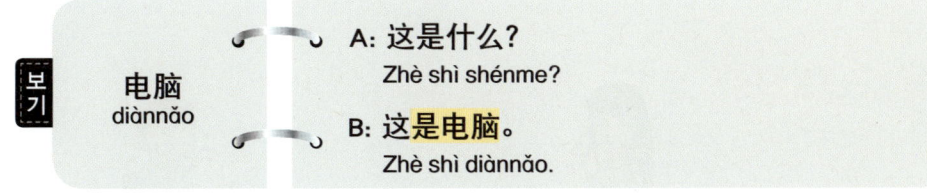

보기
电脑 diànnǎo
A: 这是什么?
　　Zhè shì shénme?
B: 这是电脑。
　　Zhè shì diànnǎo.

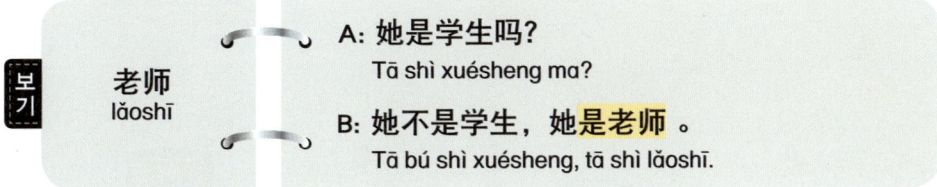

보기
老师 lǎoshī
A: 她是学生吗?
　　Tā shì xuésheng ma?
B: 她不是学生，她是老师。
　　Tā bú shì xuésheng, tā shì lǎoshī.

手机⁶ shǒujī

A: 这是什么?
　　Zhè shì shénme?
B: 这 _____。
　　Zhè _____.

本子⁷ běnzi

A: 那是什么?
　　Nà shì shénme?
B: 那 _____。
　　Nà _____.

韩国人 Hánguórén

A: 他们是中国人⁸吗?
　　Tāmen shì Zhōngguórén ma?
B: 他们不是中国人，他们 _____。
　　Tāmen bú shì Zhōngguórén, Tāmen _____.

⁶ 手机 [shǒujī] 명 휴대 전화, 휴대폰　　⁸ 中国人 [Zhōngguórén] 명 중국인
⁷ 本子 [běnzi] 명 노트

티엔티엔 듣고 표현하기

听一听

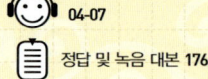
정답 및 녹음 대본 176p

 녹음을 듣고 녹음 내용과 일치하는 그림을 고르세요.

① [　　]
A　　　　B

② [　　]
A　　　　B

③ [　　]
A　　　　B

 다음 A, B 중 녹음과 일치하는 발음을 고르세요.

① A cī [　]　　B chī [　]
② A shā [　]　　B xiā [　]
③ A xié [　]　　B xué [　]

티엔티엔 글로 표현하기

写一写

정답 176p

쓰기 1
빈칸에 들어갈 알맞은 단어를 보기에서 고르세요.

| 보기 | A 不 bú | B 是 shì | C 什么 shénme | D 这 zhè | E 吗 ma |

1. _____ 是笔吗? 이것은 펜입니까?
   _____ shì bǐ ma?

2. 我 _____ 是学生。 나는 학생이 아닙니다.
   Wǒ _____ shì xuésheng.

3. 你吃 _____ ? 당신은 무엇을 먹습니까?
   Nǐ chī _____ ?

쓰기 2
주어진 단어를 어순에 맞게 배열하세요.

1. 面包 miànbāo 吃 chī 他 tā
   _____。 그는 빵을 먹습니다.

2. 你 nǐ 什么 shénme 喝 hē
   _____? 당신은 무엇을 마십니까?

3. 吗 ma 那 nà 电脑 diànnǎo 是 shì
   _____? 저것은 컴퓨터입니까?

4. 이것은 무엇입니까? 63

티엔티엔 생각펼치기

聊一聊

04-08

음료 (饮料 yǐnliào)

红茶
hóngchá
홍차

雪碧
xuěbì
사이다(스프라이트)

牛奶
niúnǎi
우유

果汁
guǒzhī
주스

白酒
báijiǔ
백주(배갈)

간식 (点心 diǎnxin)

包子
bāozi
(찐) 만두

饼干
bǐnggān
과자

面包
miànbāo
빵

巧克力
qiǎokèlì
초콜릿

冰淇淋
bīngqílín
아이스크림

UNIT 5

您贵姓?
Nín guì xìng?

당신의 성은 무엇입니까?

회화 포인트

중국어로 이름과 국적 소개하기

您贵姓?
Nín guì xìng?
당신의 성은 무엇입니까?

我是中国人。
Wǒ shì Zhōngguórén.
나는 중국인입니다.

어법 포인트

의문사 의문문 학습하기 (2)

你是哪国人?
Nǐ shì nǎ guó rén?
당신은 어느 나라 사람입니까?

단어

 生词

 05-02

请	[qǐng]	동 부탁하다, ~하세요
问	[wèn]	동 묻다
请问	[qǐng wèn]	말씀 좀 묻겠습니다
贵	[guì]	형 귀하다, 비싸다
姓	[xìng]	명동 성(이 ~이다)
叫	[jiào]	동 (~라고) 부르다
名字	[míngzi]	명 이름
金	[Jīn]	명 김(성씨)
哪	[nǎ]	대 어느
国	[guó]	명 나라
人	[rén]	명 사람
认识	[rènshi]	동 알다, 인식하다
高兴	[gāoxìng]	형 기쁘다
中国	[Zhōngguó]	고유 중국

> [请+동사] 형식으로 쓰여
> '~하세요'라는 뜻의 공손한
> 표현을 나타내기도 한다.
>
> 예 请听。Qǐng tīng. 들어보세요.
> 　 请坐。Qǐng zuò. 앉으세요.

民国　　请问，您贵姓？
Mínguó　Qǐng wèn, nín guì xìng?

王丽　　我姓王，叫王丽。你叫什么名字？
Wáng Lì　Wǒ xìng Wáng, jiào Wáng Lì. Nǐ jiào shénme míngzi?

民国　　我叫金民国。你是哪国人？
Mínguó　Wǒ jiào Jīn Mínguó. Nǐ shì nǎ guó rén?

王丽　　我是中国人。
Wáng Lì　Wǒ shì Zhōngguórén.

民国　　认识你，很高兴。
Mínguó　Rènshi nǐ, hěn gāoxìng.

王丽　　认识你，我也很高兴。
Wáng Lì　Rènshi nǐ, wǒ yě hěn gāoxìng.

티엔티엔 발음하기 发音

 녹음을 듣고 [결합운모 + 성모] 결합에 주의하여 읽어보세요.

iou(iu)   ian   uei(ui)   uan   uen(un)

iou(iu)	diū 丢 잃다	niú 牛 소	yòu 又 또
ian	jiàn 见 보다	tián 甜 달다	yán 盐 소금
uei(ui)	huí 回 돌아가다(오다)	suì 岁 살(세)	wéi 喂 여보세요
uan	duǎn 短 짧다	kuān 宽 넓다	wán 玩 놀다
uen(un)	shùn 顺 순조롭다	chūn 春 봄	wèn 问 묻다

발음 2 다음 문장을 발음에 주의하여 읽어보세요.

① **Táng tián, yán xián.**

糖甜，盐咸。
설탕은 달고, 소금은 짜다.

② **Tāmen wèn, wǒmen huídá.**

他们问，我们回答。
그들은 묻고, 우리는 대답한다.

③ **Tiān'ānmén★zài Běijīng,
Nándàmén zài Shǒu'ěr.**

天安门在北京，南大门在首尔。
톈안먼은 베이징에 있고, 남대문은 서울에 있다.

★격음부호『'』

a, o, e로 시작하는 음절 앞에 다른 음절이 올 때, 음절간의 경계를 분명히 구분하기 위해『'』를 사용한다.

Tiān'ānmén (天安门)   Shǒu'ěr (首尔)

티엔티엔 기억하기

语法

어법 1 · 이름 묻기

① A 您贵姓?
　　Nín guì xìng?
당신의 성은 무엇입니까?

　B 我姓王，叫王丽。
　　Wǒ xìng Wáng, jiào Wáng Lì.
나는 성이 왕씨이고, 왕리라고 합니다.

② A 你叫什么名字?
　　Nǐ jiào shénme míngzi?
당신의 이름은 무엇입니까?

　B 我叫金民国。
　　Wǒ jiào Jīn Mínguó.
저는 김민국이라고 합니다.

어법 2 · 의문대명사 '哪'와 국적 묻기

의문대명사 '哪 nǎ'는 '어느'라는 뜻으로, 지정된 것 중에서 하나를 물을 때 쓴다. 국적을 물을 때는 다음과 같이 표현한다.

주어 + 是 + 哪 + 国 + 人 ?
　　　　　nǎ　guó　rén
　　　　　어느　나라　사람

① A 你是哪国人?
　　Nǐ shì nǎ guó rén?
당신은 어느 나라 사람입니까?

　B 我是韩国人。
　　Wǒ shì Hánguórén.
나는 한국사람입니다.

② A 你是哪国人?
　　Nǐ shì nǎ guó rén?
당신은 어느 나라 사람입니까?

　B 我是中国人。
　　Wǒ shì Zhōngguórén.
나는 중국사람입니다.

티엔티엔 생각 표현하기

 说一说

05-05

1 보기와 같이 단어와 문형을 연습하세요.

보기: 王丽 Wáng Lì
A: 请问，您贵姓?
　Qǐng wèn, nín guì xìng?
B: 我姓**王**，叫**王丽**。
　Wǒ xìng Wáng, jiào Wáng Lì.

보기: 金民国 Jīn Mínguó
A: 你叫什么名字?
　Nǐ jiào shénme míngzi?
B: 我叫**金民国**。
　Wǒ jiào Jīn Mínguó.

| 金大韩 Jīn Dàhán | 李美珍 Lǐ Měizhēn | 范冰冰 Fàn Bīngbīng | 汤唯 Tāng Wéi |

2 보기와 같이 단어와 문형을 연습하세요.

보기: 韩国 Hánguó
A: 你是哪国人?
　Nǐ shì nǎ guó rén?
B: 我是**韩国**人。
　Wǒ shì Hánguórén.

| 中国 Zhōngguó | 日本 Rìběn | 英国 Yīngguó | 美国 Měiguó | 意大利 Yìdàlì |

5. 당신의 성은 무엇입니까?

티엔티엔 듣고 표현하기

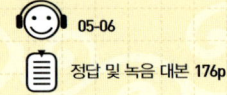

정답 및 녹음 대본 176p

듣기 1 녹음을 듣고 녹음 내용과 일치하는 그림을 고르세요.

① ☐ ② ☐ ③ ☐

A   B
C   D

듣기 2 다음 A, B에 공통으로 들어갈 운모를 고르세요.

① A g____   ui   iu   B d____

② A k____   un   en   B c____

③ A q____   uan   ian   B j____

티엔티엔 글로 표현하기

写一写

정답 176p

쓰기 1
빈칸에 들어갈 알맞은 단어를 고르세요.

| 보기 | A 是 shì | B 什么 shénme | C 叫 jiào | D 哪 nǎ | E 姓 xìng |

1. 请问，您贵_____？
   Qǐng wèn, nín guì _____ ?
   말씀 좀 묻겠습니다, 당신의 성은 무엇입니까?

2. 我_____王丽。
   Wǒ _____ Wáng Lì.
   저는 왕리라고 합니다.

3. 你是_____国人？
   Nǐ shì _____ guó rén?
   당신은 어느 나라 사람입니까?

쓰기 2
주어진 단어를 어순에 맞게 배열하세요.

1. 很　　认识　　高兴　　你
   hěn　rènshi　gāoxìng　nǐ

   _____ 。
   _____ .
   만나뵙게 되서 반갑습니다.

2. 叫　　什么　　你　　名字
   jiào　shénme　nǐ　míngzi

   _____ ?
   _____ ?
   당신의 이름은 무엇입니까?

3. 你　　人　　是　　哪　　国
   nǐ　rén　shì　nǎ　guó

   _____ ?
   _____ ?
   당신은 어느 나라 사람입니까?

티엔티엔 생각펼치기

聊一聊

05-07

중국어로 국가명/지역명 익히기

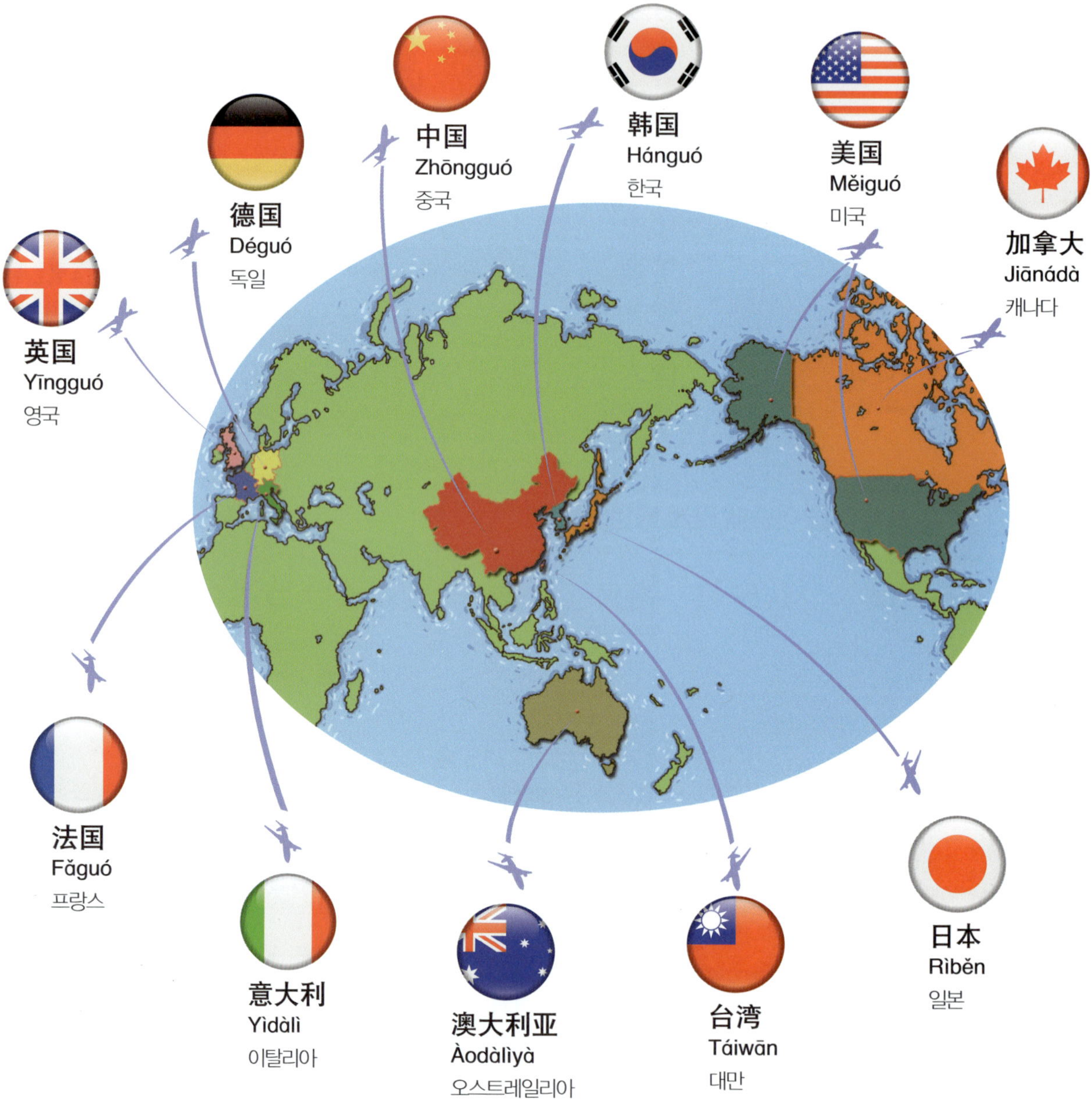

德国 Déguó 독일

中国 Zhōngguó 중국

韩国 Hánguó 한국

美国 Měiguó 미국

加拿大 Jiānádà 캐나다

英国 Yīngguó 영국

法国 Fǎguó 프랑스

意大利 Yìdàlì 이탈리아

澳大利亚 Àodàlìyà 오스트레일리아

台湾 Táiwān 대만

日本 Rìběn 일본

UNIT 6

你去哪儿?
Nǐ qù nǎr?

당신은 어디를 가세요?

06-01

회화 포인트

중국어로 행선지 묻고 답하기

你去哪儿?
Nǐ qù nǎr?
당신은 어디를 가십니까?

어법 포인트

정반의문문 학습하기

图书馆远不远?
Túshūguǎn yuǎn bu yuǎn?
도서관은 멉니까?

단어

生词

🎧 06-02

去	[qù]	동 가다
哪儿	[nǎr]	대 어디
图书馆	[túshūguǎn]	명 도서관
远	[yuǎn]	형 멀다
就	[jiù]	부 바로, 곧
在	[zài]	동 (~에) 있다 전 ~에서
那儿	[nàr]	대 그곳, 저곳, 저기
知道	[zhīdao]	동 알다

본문

课文

| 美珍 Měizhēn | 你去哪儿?
 Nǐ qù nǎr? |

| 王明 Wáng Míng | 我去图书馆。
 Wǒ qù túshūguǎn. |

| 美珍 Měizhēn | 图书馆远不远?
 Túshūguǎn yuǎn bu yuǎn? |

| 王明 Wáng Míng | 不远，就在那儿。
 Bù yuǎn, jiù zài nàr. |

| 美珍 Měizhēn | 民国在哪儿?
 Mínguó zài nǎr? |

| 王明 Wáng Míng | 我也不知道。
 Wǒ yě bù zhīdào. |

티엔티엔 발음하기 发音

발음 1 녹음을 듣고 [결합운모 + 성모] 결합에 주의하여 읽어보세요.

in   iang   ing   iong   uang   ueng

in	xīn 新 새롭다	nín 您 당신	yīn 阴 흐리다
iang	jiāng 江 강	xiǎng 想 생각하다	yáng 羊 양
ing	bīng 冰 얼음	qǐng 请 청하다	yíng 赢 이기다
iong	qióng 穷 가난하다	xióng 熊 곰	yòng 用 사용하다
uang	guāng 光 빛	huáng 黄 노랗다	wáng 王 임금
ueng		wēng 翁 어르신	

다음 문장을 발음에 주의하여 읽어보세요.

① **Jīntiān yīn, míngtiān qíng.**

今天阴，明天晴。
오늘은 흐리고, 내일은 맑다.

② **Tā hěn yǒnggǎn.**

他很勇敢。
그는 용감하다.

③ **Wǒ xiǎng kàn xióngmāo.**

我想看熊猫。
나는 판다가 보고싶다.

티엔티엔 기억하기 语法

어법 1 의문대명사 哪儿과 지시대명사

의문대명사 哪儿

의문대명사 '哪儿 nǎr'은 '어디'라는 뜻으로 장소를 물을 때 사용한다.

A 你去哪儿?	당신은 어디에 갑니까?
Nǐ qù nǎr?	
B 我去图书馆。	나는 도서관에 갑니다.
Wǒ qù túshūguǎn.	

지시대명사

지시대명사는 사물, 사람, 장소를 지칭하는 대명사이다.

근칭	这 [zhè] 이(사람), 이것	这儿 [zhèr] 여기, 이곳
원칭	那 [nà] 저(사람), 저것, 그것	那儿 [nàr] 저기, 그곳

这是书, 那是词典¹。 이것은 책이고, 저것은 사전입니다.
Zhè shì shū, nà shì cídiǎn.

那是我男朋友²。 저 사람은 내 남자친구입니다.
Nà shì wǒ nán péngyou.

A 银行³在哪儿? 은행은 어디에 있습니까?
Yínháng zài nǎr?
B 就在那儿。 바로 저기에 있습니다.
Jiù zài nàr.

06-05

단어
1 词典 [cídiǎn] 명 사전
2 男朋友 [nán péngyou] 명 남자친구(애인)
3 银行 [yínháng] 명 은행

정반의문문

동사·형용사술어의 긍정형과 부정형을 병렬하는 의문문을 '정반의문문'이라고 한다.

주어 + 술어 + 不 + 술어 + (목적어)?

他　来　不　来?　　그는 옵니까?
Tā　lái　bu　lái?

이때 '不'는 'bu' 경성으로 읽고, 의문조사 '吗'는 붙이지 않는다.

图书馆远不远?　　= 图书馆远吗?　도서관은 멉니까?
Túshūguǎn yuǎn bu yuǎn?　　Túshūguǎn yuǎn ma?

你听⁵不听音乐⁶?　　당신은 음악을 듣나요?
Nǐ tīng bu tīng yīnyuè?

学校⁷大⁸不大?　　학교는 큽니까?
Xuéxiào dà bu dà?

 06-05

4 来 [lái] 동 오다
5 听 [tīng] 동 듣다

6 音乐 [yīnyuè] 명 음악
7 学校 [xuéxiào] 명 학교

8 大 [dà] 형 크다

6. 당신은 어디를 가세요?　81

티엔티엔 생각 표현하기

说一说

06-06

1 보기와 같이 단어와 문형을 연습하세요.

보기
去 / 学校
qù / xuéxiào

A: 你去哪儿?
　 Nǐ qù nǎr?

B: 我去学校。
　 Wǒ qù xuéxiào.

在 / 饭馆儿¹
zài / fànguǎnr

A: 他在哪儿?
　 Tā zài nǎr?

B: 他 _____ 。
　 Tā _____ .

住² / 首尔³
zhù / Shǒu'ěr

A: 你住哪儿?
　 Nǐ zhù nǎr?

B: 我 _____ 。
　 Wǒ _____ .

回⁴ / 家⁵
huí / jiā

A: 她去哪儿?
　 Tā qù nǎr?

B: 她 _____ 。
　 Tā _____ .

---

1 饭馆儿 [fànguǎnr] 명 음식점
2 住 [zhù] 동 살다
3 首尔 [Shǒu'ěr] 고유 서울
4 回 [huí] 동 돌아가다(오다)
5 家 [jiā] 명 집, 가정

2 보기와 같이 단어와 문형을 연습하세요.

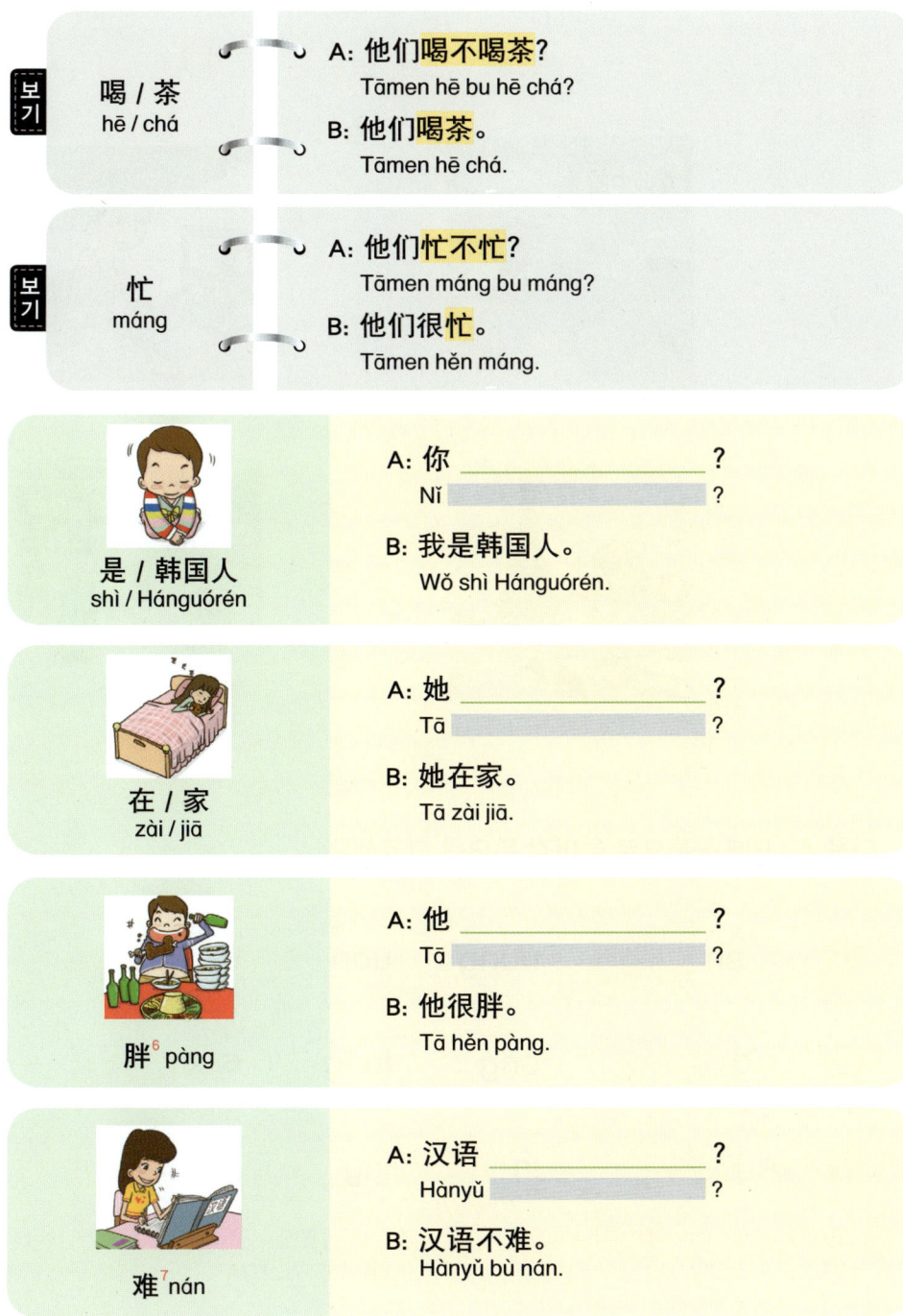

| 보기 | 喝 / 茶
hē / chá | A: 他们喝不喝茶?
Tāmen hē bu hē chá?
B: 他们喝茶。
Tāmen hē chá. |

| 보기 | 忙
máng | A: 他们忙不忙?
Tāmen máng bu máng?
B: 他们很忙。
Tāmen hěn máng. |

是 / 韩国人
shì / Hánguórén

A: 你 _____ ?
Nǐ _____ ?
B: 我是韩国人。
Wǒ shì Hánguórén.

在 / 家
zài / jiā

A: 她 _____ ?
Tā _____ ?
B: 她在家。
Tā zài jiā.

胖⁶ pàng

A: 他 _____ ?
Tā _____ ?
B: 他很胖。
Tā hěn pàng.

难⁷ nán

A: 汉语 _____ ?
Hànyǔ _____ ?
B: 汉语不难。
Hànyǔ bù nán.

---

6 胖 [pàng] 형 뚱뚱하다   7 难 [nán] 형 어렵다

티엔티엔 듣고 표현하기

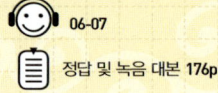

듣기 1
녹음을 듣고 녹음 내용과 일치하는 그림을 고르세요.

①    ②    ③

A    B

C    D

듣기 2
다음 A, B에 공통으로 들어갈 운모를 고르세요.

① A sh＿　　uang　　uan　　B g＿

② A q＿　　ong　　iong　　B x＿

③ A j＿　　in　　ing　　B p＿

티엔티엔 글로 표현하기

写一写

정답 177p

쓰기 1 빈칸에 들어갈 알맞은 단어를 보기에서 고르세요.

| 보기 | A 那儿 nàr | B 这儿 zhèr | C 哪儿 nǎr | D 不 bu | E 哪 nǎ |

1. 你去_____?
   Nǐ qù _____?
   당신은 어디에 갑니까?

2. 他们在_____在家?
   Tāmen zài _____ zài jiā?
   그들은 집에 있습니까?

3. 银行在_____。
   Yínháng zài _____.
   은행은 저기에 있습니다.

쓰기 2 주어진 단어를 어순에 맞게 배열하세요.

1. 在　　你　　哪儿
   zài　　nǐ　　nǎr

   _____? 당신은 어디에 있습니까?
   _____?

2. 远　　不　　图书馆　　远
   yuǎn　　bu　　túshūguǎn　　yuǎn

   _____? 도서관은 멉니까?
   _____?

3. 学校　　那儿　　在　　就
   xuéxiào　　nàr　　zài　　jiù

   _____。 학교는 바로 저기에 있습니다.
   _____.

6. 당신은 어디를 가세요? 85

티엔티엔 생각펼치기

聊一聊

다양한 장소 어휘 익히기

网吧 pc방
wǎngbā

饭馆儿/餐厅 음식점
fànguǎnr / cāntīng

公司 회사
gōngsī

医院 병원
yīyuàn

咖啡厅 카페(cafe)
kāfēitīng

书店 서점
shūdiàn

超市 수퍼마켓
chāoshì

学校 학교
xuéxiào

宿舍 기숙사
sùshè

邮局 우체국
yóujú

银行 은행
yínháng

公园 공원
gōngyuán

UNIT 7

他是谁?
Tā shì shéi?

그는 누구입니까?

회화 포인트

중국어로 소유관계 표현하기
这是我的书。
Zhè shì wǒ de shū.
이것은 나의 책입니다.

我没有男朋友。
Wǒ méiyǒu nán péngyou.
저는 남자친구가 없어요.

어법 포인트

구조조사 '的' 학습하기
这是他的书。
Zhè shì tā de shū.
이것은 그의 책입니다.

'有'자문 학습하기
我有男朋友。
Wǒ yǒu nán péngyou.
저는 남자친구가 있어요.

단어

生词

谁	[shéi]	대 누구, 누가
弟弟	[dìdi]	명 남동생
的	[de]	조 ~의 (한)
手机	[shǒujī]	명 휴대 전화
有	[yǒu]	동 ~이(가) 있다
没有	[méiyǒu]	동 ~이(가) 없다
男朋友	[nán péngyou]	명 남자친구(애인)

小东 Xiǎodōng	他是谁？ Tā shì shéi?
美娜 Měinà	他是我弟弟。 Tā shì wǒ dìdi.
小东 Xiǎodōng	这是谁的手机？ Zhè shì shéi de shǒujī?
美娜 Měinà	这是他的手机。 Zhè shì tā de shǒujī.
小东 Xiǎodōng	你有没有男朋友？ Nǐ yǒu méiyǒu nán péngyou?
美娜 Měinà	我没有男朋友。 Wǒ méiyǒu nán péngyou.

티엔티엔 발음하기

발음 1 녹음을 듣고 [결합운모 / 권설운모 + 성모] 결합에 주의하여 읽어보세요.

üe	üan	ün	er

üe	xuě 雪 눈	quē 缺 부족하다	yuè 月 달, 월
üan	quàn 劝 권하다	juān 捐 기부하다	yuǎn 远 멀다
ün	jūn 军 군인	qún 群 무리, 떼	yún 云 구름
er		ěr 耳 귀	èr 二 숫자 이, 2

발음 2 다음 제시된 단어를 성조결합에 주의하여 읽어보세요.

	1성	2성	3성	4성	경성
1성	jīntiān 今天 오늘	gōngyuán 公园 공원	qiānbǐ 铅笔 연필	gōngzuò 工作 일(하다)	māma 妈妈 어머니
2성	qiánbāo 钱包 지갑	tóngxué 同学 학우	cídiǎn 词典 사전	xuéxiào 学校 학교	péngyou 朋友 친구
3성	shǒujī 手机 휴대 전화	yǔyán 语言 언어	shǒubiǎo 手表 손목시계	nǔlì 努力 열심히 하다	wǎnshang 晚上 저녁
4성	miànbāo 面包 빵	dàxué 大学 대학	diànyǐng 电影 영화	shàng kè 上课 수업하다	xièxie 谢谢 감사합니다

티엔티엔 기억하기

 语法

어법 1 구조조사 '的'

관형어가 중심어를 수식하거나 한정지을 때 관형어와 중심어 사이에 구조조사 '的 de'를 붙인다.

중국어 문장을 구성하는 성분 중에, 중심어인 '주어나 목적어(명사형)'를 수식하는 성분을 '관형어'라고 한다.

관형어 + 的 + 중심어   ~의(~한)

这是他的书。
Zhè shì tā de shū.
이것은 그의 책입니다.

我的手机在哪儿?
Wǒ de shǒujī zài nǎr?
나의 휴대 전화는 어디 있나요?

- 단 중심어가 친족, 친구, 소속단체를 나타내는 경우 的를 생략할 수 있다.

我(的)爸爸是医生[1]。
Wǒ (de) bàba shì yīshēng.
나의(내) 아빠는 의사입니다.

我们(的)学校很大[2]。
Wǒmen (de) xuéxiào hěn dà.
우리 학교는 큽니다.

 07-05

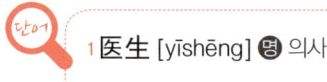

[1] 医生 [yīshēng] 명 의사   [2] 大 [dà] 형 크다

어법 2. '有'자문

동사 '有 yǒu'는 '~이(가) 있다'의 뜻을 나타낸다.

긍정형

주어 + 有 yǒu + 목적어

| 我 Wǒ | 有 yǒu | 男朋友。nán péngyou. | 나는 남자친구가 있습니다. |
| 我 Wǒ | 有 yǒu | 车³。chē. | 나는 차가 있습니다. |

부정형

주어 + 没有 méiyǒu + 목적어

| 我 Wǒ | 没有 méiyǒu | 男朋友。nán péngyou. | 나는 남자친구가 없습니다. |
| 我 Wǒ | 没有 méiyǒu | 车。chē. | 나는 차가 없습니다. |

정반의문형

주어 + 有没有 yǒu méiyǒu + (목적어) + ?

| 你 Nǐ | 有没有 yǒu méiyǒu | 男朋友？nán péngyou? | = 你有男朋友吗? Nǐ yǒu nán péngyou ma? 당신은 남자친구가 있습니까? |
| 你 Nǐ | 有没有 yǒu méiyǒu | 车？chē? | 당신은 차가 있습니까? |

 07-05

³ 车 [chē] 명 자동차

티엔티엔 생각 표현하기

说一说

 07-06

1 보기와 같이 단어와 문형을 연습하세요.

| 보기 | 我 + 书
wǒ　shū | 这是我的书。
Zhè shì wǒ de shū. |

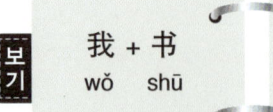

老师 + 本子　　　　弟弟 + 书包¹　　　　他 + 手机
lǎoshī　běnzi　　　dìdi　shūbāo　　　　tā　shǒujī

| 보기 | 我 + 弟弟
wǒ　dìdi | A: 他是谁?
Tā shì shéi?
B: 他是我(的)弟弟。
Tā shì wǒ (de) dìdi. |

我 + 爱人²　　　　我 + 爷爷　　　　我 + 朋友
wǒ　àiren　　　　wǒ　yéye　　　　wǒ　péngyou

¹ 书包 [shūbāo] 명 책가방　　　² 爱人 [àiren] 명 아내, 남편

2 보기와 같이 단어와 문형을 연습하세요.

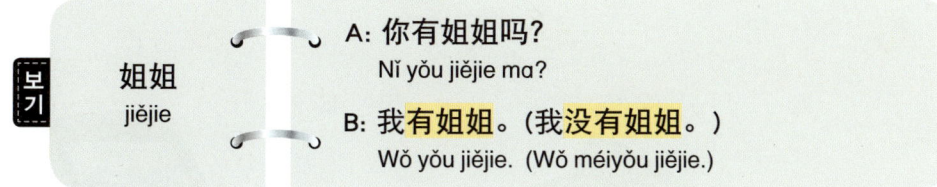

보기
姐姐
jiějie

A: 你有姐姐吗?
Nǐ yǒu jiějie ma?

B: 我有姐姐。(我没有姐姐。)
Wǒ yǒu jiějie. (Wǒ méiyǒu jiějie.)

自行车³
zìxíngchē

A: 她们有自行车吗?
Tāmen yǒu zìxíngchē ma?

B: 她们 _____ 。
Tāmen _____ .

中国朋友
Zhōngguó péngyou

A: 你有没有中国朋友?
Nǐ yǒu méiyǒu Zhōngguó péngyou?

B: 我 _____ 。
Wǒ _____ .

钱⁴
qián

A: 她有没有钱?
Tā yǒu méiyǒu qián?

B: 她 _____ 。
Tā _____ .

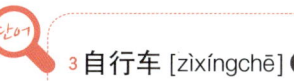

3 自行车 [zìxíngchē] 명 자전거　　　　4 钱 [qián] 명 돈

티엔티엔 듣고 표현하기

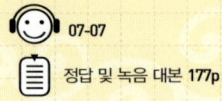

듣기 1 녹음을 듣고 녹음 내용과 일치하는 그림을 고르세요.

① ☐   ② ☐   ③ ☐

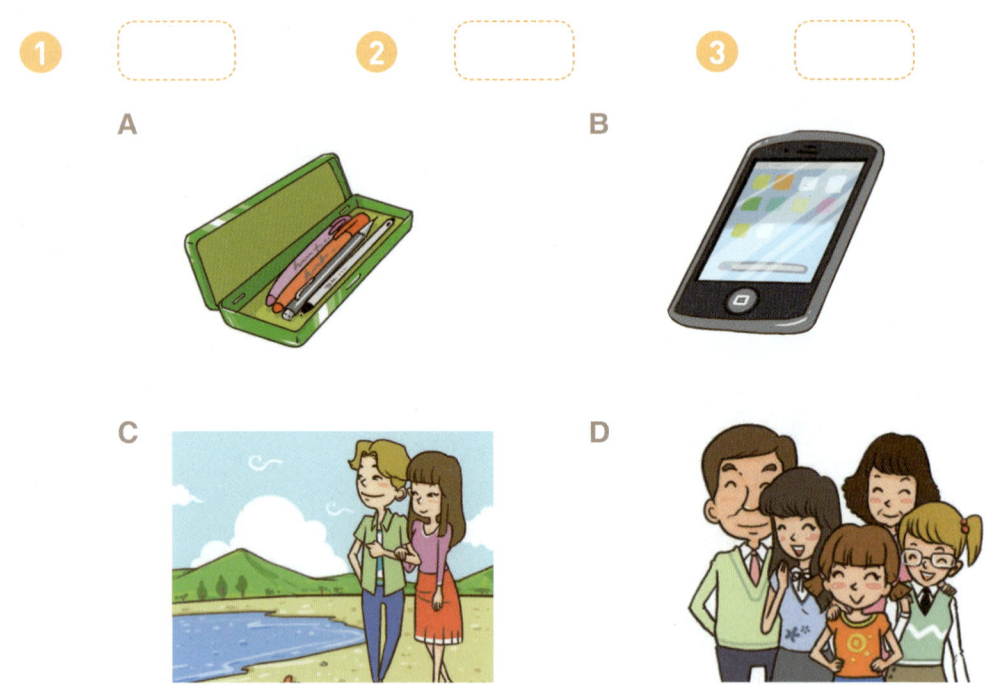

A   B   C   D

듣기 2 다음 A, B에 공통으로 들어갈 운모를 고르세요.

① A j____   u   i   B q____

② A x____   ian   uan   B j____

③ A l____   ü   u   B n____

티엔티엔 글로 표현하기

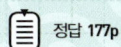

정답 177p

쓰기 1 빈칸에 들어갈 알맞은 단어를 보기에서 고르세요.

| 보기 | A 不 bù | B 没有 méiyǒu | C 的 de | D 谁 shéi | E 什么 shénme |

1. 他们 _____ 钱。
   Tāmen _____ qián.
   그들은 돈이 없다.

2. 这是我 _____ 电脑。
   Zhè shì wǒ _____ diànnǎo.
   이것은 나의 컴퓨터입니다.

3. 他是 _____ ?
   Tā shì _____ ?
   그는 누구입니까?

쓰기 2 주어진 단어를 어순에 맞게 배열하세요.

1. 有　　你　　没有　　男朋友
   yǒu　　nǐ　　méiyǒu　　nán péngyou

   _____ ?　당신은 남자친구가 있나요?
   _____ ?

2. 是　　谁的　　这　　手机
   shì　　shéi de　　zhè　　shǒujī

   _____ ?　이것은 누구의 휴대 전화입니까?
   _____ ?

3. 是　　他　　弟弟　　我
   shì　　tā　　dìdi　　wǒ

   _____ 。　그는 제 남동생입니다.
   _____ .

7. 그는 누구입니까? 97

티엔티엔 생각펼치기

聊一聊

나의 소유 (사람, 사물)

我有 _____。 Wǒ yǒu _____ .

我没有 _____。 Wǒ méiyǒu _____ .

自行车
zìxíngchē
자전거

空调
kōngtiáo
에어컨

笔记本电脑
bǐjìběn diànnǎo
노트북 컴퓨터

老朋友
lǎo péngyou
오랜 친구, 친한 친구

老公/丈夫
lǎogōng/zhàngfu
남편

老婆/妻子
lǎopó/qīzi
아내

同学
tóngxué
같은 반 친구 (학우)

同事
tóngshì
동료

随行杯
suíxíngbēi
텀블러

Chapter 2

UNIT 8~14

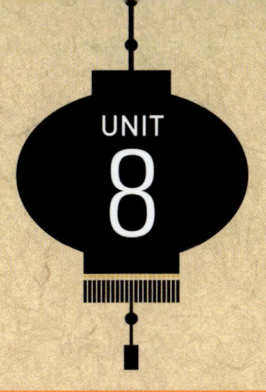

UNIT 8

你家有几人?
Nǐ jiā yǒu jǐ kǒu rén?

당신 가족은 몇 명입니까?

08-01

회화 포인트

중국어로 가족 수와 구성원 묻기

你家有几口人?
Nǐ jiā yǒu jǐ kǒu rén?
당신 가족은 몇 명입니까?

어법 포인트

양사 익히기

我买一本书。
Wǒ mǎi yì běn shū.
나는 책 한 권을 삽니다.

단어

 生词

 08-02

家	[jiā]	몡 집, 가정
几	[jǐ]	쉬 몇
口	[kǒu]	양 식구를 세는 양사 몡 입
两	[liǎng]	쉬 둘, 2
个	[ge]	양 개, 명
和	[hé]	젭 ~과(와)
全家福	[quánjiāfú]	몡 가족사진
哦	[ò]	감 오! 어머!
真	[zhēn]	부 참으로, 정말로
漂亮	[piàoliang]	혱 예쁘다

▶ 숫자

yī	èr	sān	sì	wǔ	liù	qī	bā	jiǔ	shí
一	二	三	四	五	六	七	八	九	十
1	2	3	4	5	6	7	8	9	10

美珍 Měizhēn	你家有几口人？ Nǐ jiā yǒu jǐ kǒu rén?
民国 Mínguó	我家有五口人。 Wǒ jiā yǒu wǔ kǒu rén.
美珍 Měizhēn	你家都有什么人？ Nǐ jiā dōu yǒu shénme rén?
民国 Mínguó	爸爸、妈妈、两个哥哥和我。你家呢？ Bàba、 māma、 liǎng ge gēge hé wǒ. Nǐ jiā ne?
美珍 Měizhēn	我家有四口人。这是我家的全家福。 Wǒ jiā yǒu sì kǒu rén. Zhè shì wǒ jiā de quánjiāfú.
民国 Mínguó	哦！她是你妹妹吗？她真漂亮！ Ò! Tā shì nǐ mèimei ma? Tā zhēn piàoliang!

티엔티엔 기억하기 语法

어법 1. 양사

양사는 사람이나 사물의 단위를 말한다.

수사 + 양사 + 명사

一　个　面包　　빵 한 개
yí　ge　miànbāo

我家有三口人。　　우리 집은 세 식구입니다.
Wǒ jiā yǒu sān kǒu rén.

我有一*个¹妹妹。　　나는 여동생이 한 명 있습니다.
Wǒ yǒu yí ge mèimei.

她吃三个苹果²。　　그녀는 사과 세 개를 먹습니다.
Tā chī sān ge píngguǒ.

我看十本³书。　　나는 책 열 권을 봅니다.
Wǒ kàn shí běn shū.

*숫자 1(一)의 성조 변화

① 본래의 성조인 제1성으로 발음하는 경우
　'一'가 단독으로 쓰이거나 서수로 쓰일 때
　yī (一) 숫자1, 일　　　　dìyī (第一) 첫번째

② 제4성으로 발음하는 경우
　'一'가 제1, 2, 3성 앞에 놓일 때
　yì tiān (一天) 하루　　　yì nián (一年) 일 년

③ 제2성으로 발음하는 경우
　'一'가 제4성 혹은 제4성이 변한 경성 앞에 놓일 때
　yí xià (一下) ~해보다　　yí ge (一个) 한 개

- 숫자 2(二)가 양사와 함께 쓰일 경우, '二 èr' 대신 '两 liǎng'을 쓴다.

他喝两杯⁴啤酒⁵。　　그는 맥주 두 잔을 마십니다.
Tā hē liǎng bēi píjiǔ.

단어 08-04

1 个 [ge] 양 개, 명　　3 本 [běn] 양 권　　5 啤酒 [píjiǔ] 명 맥주
2 苹果 [píngguǒ] 명 사과　　4 杯 [bēi] 명 컵 양 잔

104　파고다 중국어 기초 1

어법 2 · 수를 묻는 '几'

'几 jǐ'는 '몇'이라는 뜻을 나타내며, 주로 '10' 이하의 확실하지 않은 수를 물을 때 쓰인다.

> 几 + 양사 + 명사
>
> 几　本　书　몇 권의 책
> jǐ　běn　shū

① A: 他吃几个包子[6]? — 그는 몇 개의 만두를 먹습니까?
　　Tā chī jǐ ge bāozi?
　B: 他吃两个包子。 — 그는 만두 두 개를 먹습니다.
　　Tā chī liǎng ge bāozi.

② A: 你买几本书? — 당신은 몇 권의 책을 삽니까?
　　Nǐ mǎi jǐ běn shū?
　B: 我买一本书。 — 저는 책 한 권을 삽니다.
　　Wǒ mǎi yì běn shū.

어법 3 · 가족 수, 가족 구성원 묻기

가족 수 묻기

A: 你家有几口人? — 당신의 가족은 몇 명입니까?
　Nǐ jiā yǒu jǐ kǒu rén?
B: 我家有四口人。 — 우리 가족은 네 식구입니다.
　Wǒ jiā yǒu sì kǒu rén.

가족 구성원 묻기

A: 你家都有什么人? — 당신 가족은 어떻게 됩니까?
　Nǐ jiā dōu yǒu shénme rén?
B: 爸爸、妈妈、弟弟和我。 — 아버지, 어머니, 남동생 그리고 저입니다.
　Bàba,　māma,　dìdi hé wǒ.

08-04

6 包子 [bāozi] 명 (찐) 만두

티엔티엔 생각 표현하기

 说一说

 08-05

1 보기와 같이 단어와 문형을 연습하세요.

보기
三本书
sān běn shū

A: 你买几本书?
　Nǐ mǎi jǐ běn shū?
B: 我买三本书。
　Wǒ mǎi sān běn shū.

两 liǎng
中国朋友 (个)
Zhōngguó péngyou (ge)

A: 你有几个中国朋友?
　Nǐ yǒu jǐ ge Zhōngguó péngyou?
B: 我有 _____ 。
　Wǒ yǒu _____ .

三 sān
汉语书 (本)
Hànyǔshū (běn)

A: 他有几本汉语书?
　Tā yǒu jǐ běn Hànyǔshū?
B: 他有 _____ 。
　Tā yǒu _____ .

一 yī
面包 (个)
miànbāo (ge)

A: 他吃几个面包?
　Tā chī jǐ ge miànbāo?
B: 他吃 _____ 。
　Tā chī _____ .

五 wǔ
咖啡 (杯)
kāfēi (bēi)

A: 她们喝几杯咖啡?
　Tāmen hē jǐ bēi kāfēi?
B: 她们喝 _____ 。
　Tāmen hē _____ .

2 보기와 같이 단어와 문형을 연습하세요.

보기

三 / 爸爸、妈妈、我
sān / bàba、māma、wǒ

A: 你家有几口人?
　 Nǐ jiā yǒu jǐ kǒu rén?
B: 我家有三口人。
　 Wǒ jiā yǒu sān kǒu rén.
A: 你家都有什么人?
　 Nǐ jiā dōu yǒu shénme rén?
B: 爸爸、妈妈和我。
　 Bàba、māma hé wǒ.

五 / 爸爸、妈妈、奶奶[1]、姐姐、我
wǔ / bàba、māma、nǎinai、jiějie、wǒ

四 / 我爱人、女儿[2]、儿子[3]、我
sì / wǒ àiren、nǚ'ér、érzi、wǒ

단어

1 奶奶 [nǎinai] 명 할머니　　2 女儿 [nǚ'ér] 명 딸　　3 儿子 [érzi] 명 아들

티엔티엔 듣고 표현하기

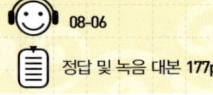

듣기 1
녹음을 듣고 녹음 내용과 일치하는 그림을 고르세요.

① [　　] ② [　　] ③ [　　]

A B

C D

듣기 2
녹음을 듣고 제시된 문장의 옳고 그름을 표시하세요.

① 我没有儿子。 [　　]
　Wǒ méiyǒu érzi.

② 他不买咖啡。 [　　]
　Tā bù mǎi kāfēi.

③ 我有中国朋友。 [　　]
　Wǒ yǒu Zhōngguó péngyou.

티엔티엔 글로 표현하기

写一写

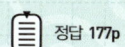 정답 177p

쓰기 1. 빈칸에 들어갈 알맞은 단어를 보기에서 고르세요.

| 보기 | A 二 èr | B 口 kǒu | C 本 běn | D 个 ge | E 两 liǎng |

1) 我买_____杯咖啡。 나는 커피 두 잔을 삽니다.
   Wǒ mǎi _____ bēi kāfēi.

2) 她家有四_____人。 그녀의 가족은 네 식구입니다.
   Tā jiā yǒu sì _____ rén.

3) 你吃几_____面包? 당신은 몇 개의 빵을 먹습니까?
   Nǐ chī jǐ _____ miànbāo?

쓰기 2. 주어진 단어를 어순에 맞게 배열하세요.

1) 有 / 都 / 什么 / 你家 / 人
   yǒu / dōu / shénme / nǐ jiā / rén

   _____? 당신의 식구는 모두 어떤 사람이 있습니까?
   _____?

2) 个 / 两 / 我 / 有 / 姐姐
   ge / liǎng / wǒ / yǒu / jiějie

   _____。 나는 누나(언니)가 두 명 있습니다.
   _____.

3) 买 / 你 / 本 / 几 / 书
   mǎi / nǐ / běn / jǐ / shū

   _____? 당신은 책 몇 권을 삽니까?
   _____?

聊一聊

08-07

다양한 양사 익히기

| 个 ge | 개, 명 (주로 전용 양사가 없는 명사에 광범위하게 쓰임) | 人 사람 rén | 朋友 친구 péngyou | 苹果 사과 píngguǒ |

| 张 zhāng | 장 (평평한 면을 가진 사물) | 床 침대 chuáng | 桌子 책상 zhuōzi | 票 표 piào |

| 件 jiàn | 벌, 건 (옷, 일, 사건) | 衣服 옷 yīfu | 事 일 shì | |

| 位 wèi | 분, 명 (존중의 의미) | 老师 선생님 lǎoshī | 客人 손님 kèrén | |

| 瓶 píng | 병 (병으로 되어 있는 사물) | 可乐 콜라 kělè | 啤酒 맥주 píjiǔ | |
| 听 tīng | 캔 (캔으로 되어 있는 사물) | | | |

UNIT 9

你在哪儿工作?
Nǐ zài nǎr gōngzuò?

당신은 어디에서 일하세요?

09-01

회화 포인트
중국어로 직업 묻기

你做什么工作?
Nǐ zuò shénme gōngzuò?
당신은 무슨 일을 하십니까?

어법 포인트
전치사구 익히기

我在家看电影。
Wǒ zài jiā kàn diànyǐng.
나는 집에서 영화를 봅니다.

단어

生词

 09-02

跟	[gēn]	전 ~와(과)
一起	[yìqǐ]	부 함께, 같이
餐厅	[cāntīng]	명 식당
吧	[ba]	조 제의, 청유, 명령, 추측 등의 어기조사
做	[zuò]	동 하다, 만들다
医生	[yīshēng]	명 의사
非常	[fēicháng]	부 대단히, 굉장히
聪明	[cōngming]	형 똑똑하다
对	[duì]	형 맞다, 옳다
在	[zài]	전 ~에서 동 ~에 있다
学校	[xuéxiào]	명 학교
工作	[gōngzuò]	명동 일(하다)
下次	[xià cì]	명 다음 번

王明 Wáng Míng	你去哪儿? Nǐ qù nǎr?
美娜 Měinà	我跟哥哥一起去餐厅。你也去吧。 Wǒ gēn gēge yìqǐ qù cāntīng. Nǐ yě qù ba.
王明 Wáng Míng	好。你哥哥做什么工作? Hǎo. Nǐ gēge zuò shénme gōngzuò?
美娜 Měinà	我哥哥是医生,他非常聪明。 Wǒ gēge shì yīshēng, tā fēicháng cōngming. 对了,你姐姐在哪儿工作? Duì le, nǐ jiějie zài nǎr gōngzuò?
王明 Wáng Míng	她在学校工作,是老师。 Tā zài xuéxiào gōngzuò, shì lǎoshī.
美娜 Měinà	是吗?下次我们四个人一起吃饭吧。 Shì ma? Xià cì wǒmen sì ge rén yìqǐ chī fàn ba.

对了[duì le] '맞아!, 아참!'의 뜻으로 불현듯 무엇인가 생각 날 때 쓰이는 감탄사이다.

티엔티엔 기억하기 语法

어법 1 전치사구(개사구)

전치사(개사)는 명사, 대명사와 결합하여 '전치사구(개사구)'를 이룬다.
이때 [전치사 + 명사/대명사]는 술어 앞에 놓이며, 시간·장소·방향·대상 등의 의미를 나타낸다.

[전치사 + 명사 / 대명사] + 술어
전치사구

在 家　　　休息[1]　　집에서 쉽니다
zài jiā　　　xiūxi

A: 你在哪儿看电影[2]?　　당신은 어디에서 영화를 봅니까?
Nǐ zài nǎr kàn diànyǐng?

B: 我在家看电影。　　나는 집에서 영화를 봅니다.
Wǒ zài jiā kàn diànyǐng.

A: 她跟谁一起喝茶?　　그녀는 누구와 함께 차를 마십니까?
Tā gēn shéi yìqǐ hē chá?

B: 她跟她妈妈一起喝茶。　　그녀는 그녀의 어머니와 함께 차를 마십니다.
Tā gēn tā māma yìqǐ hē chá.

 09-04

  1 休息 [xiūxi] 동 휴식하다, 쉬다　　2 电影 [diànyǐng] 명 영화

어법 2 어기조사 '吧'

조사 '吧 ba'는 문장 끝에 놓여 '제의 · 청유 · 명령 · 추측' 등의 어기를 나타낸다.

我们一起去吧。
Wǒmen yìqǐ qù ba.

우리 같이 갑시다.

你是韩国人吧?
Nǐ shì Hánguórén ba?

당신 한국 사람이죠?

快³吃吧!
Kuài chī ba!

빨리 먹어!

어법 3 직업 묻기

A: 你做什么工作?
Nǐ zuò shénme gōngzuò?

B: 我是老师。
Wǒ shì lǎoshī.

당신은 무슨 일을 하십니까?

저는 교사입니다.

A: 你在哪儿工作?
Nǐ zài nǎr gōngzuò?

B: 我在医院⁴工作, 是护士⁵。
Wǒ zài yīyuàn gōngzuò, shì hùshi.

당신은 어디에서 일하십니까?

저는 병원에서 일하고, 간호사입니다.

3 快 [kuài] 형 빠르다 부 빨리   4 医院 [yīyuàn] 명 병원   5 护士 [hùshi] 명 간호사

티엔티엔 생각 표현하기

说一说

 09-05

1 보기와 같이 단어와 문형을 연습하세요.

| 보기 | 家 / 学习
jiā / xuéxí | A: 你在哪儿学习?
Nǐ zài nǎr xuéxí?
B: 我在家学习。
Wǒ zài jiā xuéxí. |

| 보기 | 老师 / 学习
lǎoshī / xuéxí | A: 你跟谁一起学习?
Nǐ gēn shéi yìqǐ xuéxí?
B: 我跟老师一起学习。
Wǒ gēn lǎoshī yìqǐ xuéxí. |

家 / 休息
jiā / xiūxi

A: 你在哪儿休息?
Nǐ zài nǎr xiūxi?

B: 我 _____。
Wǒ _____.

咖啡厅¹ / 见² 朋友
kāfēitīng / jiàn péngyou

A: 他在哪儿见朋友?
Tā zài nǎr jiàn péngyou?

B: 他 _____。
Tā _____.

家人 / 去上海³
jiārén / qù Shànghǎi

A: 你跟谁一起去上海?
Nǐ gēn shéi yìqǐ qù Shànghǎi?

B: 我 _____。
Wǒ _____.

---

  1 咖啡厅 [kāfēitīng] 명 커피숍   **2** 见 [jiàn] 동 만나다   **3** 上海 [Shànghǎi] 고유 상하이

2 보기와 같이 단어와 문형을 연습하세요.

보기

老师
lǎoshī

A: 你做什么工作?
Nǐ zuò shénme gōngzuò?

B: 我是老师。
Wǒ shì lǎoshī.

보기

学校 / 老师
xuéxiào / lǎoshī

A: 你在哪儿工作?
Nǐ zài nǎr gōngzuò?

B: 我在学校工作，是老师。
Wǒ zài xuéxiào gōngzuò, shì lǎoshī.

记者[4]
jìzhě

A: 你做什么工作?
Nǐ zuò shénme gōngzuò?

B: 我是 _____。
Wǒ shì _____.

公司职员[5]
gōngsī zhíyuán

A: 你哥哥做什么工作?
Nǐ gēge zuò shénme gōngzuò?

B: 他是 _____。
Tā shì _____.

医院 / 医生
yīyuàn / yīshēng

A: 你爸爸在哪儿工作?
Nǐ bàba zài nǎr gōngzuò?

B: 他在 _____ 工作，是 _____。
Tā zài _____ gōngzuò, shì _____.

---

[4] 记者 [jìzhě] 명 기자　　　　[5] 公司职员 [gōngsī zhíyuán] 명 회사원

티엔티엔 듣고 표현하기

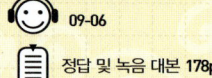

听一听

정답 및 녹음 대본 178p

듣기 1 녹음을 듣고 녹음 내용과 일치하는 그림을 고르세요.

① ☐   ② ☐   ③ ☐

A   B

C   D

듣기 2 녹음을 듣고 제시된 문장의 옳고 그름을 표시하세요.

① 我是老师。   ☐
Wǒ shì lǎoshī.

② 我在家吃饭。   ☐
Wǒ zài jiā chī fàn.

③ 我不去中国，我朋友去中国。   ☐
Wǒ bú qù Zhōngguó, wǒ péngyou qù Zhōngguó.

티엔티엔 글로 표현하기

쓰기 1 빈칸에 들어갈 알맞은 단어를 보기에서 고르세요.

| 보기 | A 跟 gēn | B 在 zài | C 做 zuò | D 吧 ba | E 是 shì |

① 我_____家看电视。　나는 집에서 TV를 본다.
　Wǒ _____ jiā kàn diànshì.

② 你_____什么工作?　당신은 무슨 일을 하십니까?
　Nǐ _____ shénme gōngzuò?

③ 我们一起去_____。　우리 함께 갑시다.
　Wǒmen yìqǐ qù _____.

쓰기 2 주어진 단어를 어순에 맞게 배열하세요.

① 在　你爸爸　工作　哪儿
　zài　nǐ bàba　gōngzuò　nǎr

　_____?　당신의 아버지는 어디에서 일하십니까?
　_____?

② 跟朋友　我　餐厅　去　一起
　gēn péngyou　wǒ　cāntīng　qù　yìqǐ

　_____。　나는 친구와 함께 식당을 갑니다.
　_____.

③ 我们　一起　吧　吃　饭
　wǒmen　yìqǐ　ba　chī　fàn

　_____。　우리 같이 식사합시다.
　_____.

티엔티엔 생각펼치기

聊一聊

나의 일 (我的工作 wǒ de gōngzuò)

个体户 gètǐhù 개인사업자

医生 yīshēng 의사

家庭主妇 jiātíng zhǔfù 가정주부

公司职员 / 上班族 gōngsī zhíyuán / shàngbān zú 회사원 / 직장인(샐러리맨)

总经理 zǒngjīnglǐ (기업의) 최고 경영자

歌手 gēshǒu 가수

护士 hùshi 간호사

公务员 gōngwùyuán 공무원

演员 yǎnyuán 배우, 연기자

导演 dǎoyǎn 감독

UNIT 10

你今年多大?
Nǐ jīnnián duō dà?

당신은 올해 나이가 어떻게 되세요?

10-01

회화 포인트

중국어로 나이 묻기

你今年多大?
Nǐ jīnnián duō dà?
올해 나이가 어떻게 되십니까?

어법 포인트

명사술어문 학습하기

今年二十岁。
Jīnnián èrshí suì.
올해 스무 살입니다.

[多 + 형용사] 의문문 학습하기

你个子多高?
Nǐ gèzi duō gāo?
당신은 키가 어떻게 되십니까?

단어

生词

今年	[jīnnián]	명 올해, 금년
多	[duō]	부 얼마나 (의문문에 쓰여 정도를 나타냄) 형 많다
岁	[suì]	명 살, 세
父母	[fùmǔ]	명 부모
年纪	[niánjì]	명 연세, 나이
父亲	[fùqin]	명 부친, 아버지
母亲	[mǔqin]	명 모친, 어머니
个子	[gèzi]	명 키
挺	[tǐng]	부 꽤, 매우, 제법
高	[gāo]	형 (높이가) 높다, (키가) 크다
米	[mǐ]	양 미터 (meter)
属	[shǔ]	동 (십이지의) ~띠이다
狗	[gǒu]	명 개 (동물)

본문

(美娜的)哥哥 你今年多大?
(Měinà de) gēge Nǐ jīnnián duō dà?

(王明的)姐姐 今年三十岁。
(Wáng Míng de) jiějie Jīnnián sānshí suì.

哥哥 你父母今年多大年纪?
gēge Nǐ fùmǔ jīnnián duō dà niánjì?

姐姐 我父亲今年六十岁,
jiějie Wǒ fùqin jīnnián liùshí suì,

我母亲今年五十六。
Wǒ mǔqin jīnnián wǔshí liù.

哥哥 你个子挺高的, 你多高?
gēge Nǐ gèzi tǐng gāo de, nǐ duō gāo?

> 부사 挺[tǐng]은 '挺~(的) tǐng~(de)'의 형식으로 쓰여 '매우(꽤) ~하다'의 뜻을 나타낸다.

姐姐 一米六八。你属什么?
jiějie Yì mǐ liù bā. Nǐ shǔ shénme?

哥哥 我属狗。
gēge Wǒ shǔ gǒu.

티엔티엔 기억하기 语法

어법 1 명사술어문

'명사술어문'이란 명사, 수량사 등이 술어의 주요성분으로 쓰인 문장을 말한다. 이때, 술어는 주로 '시간, 나이, 수량' 등을 나타낸다.

> 주어 + _____술어_____
> (시간·나이·수량(가격, 날짜 등))

她今年二十岁。
Tā jīnnián èrshí suì.
그녀는 올해 스무 살입니다.

现在¹八点²。
Xiànzài bā diǎn.
지금 여덟 시입니다.

명사술어문 긍정문에서 '是'는 생략할 수 있다.

어법 2 '多'의문문

의문부사 '多 duō'는 적극적인 의미의 단음절 형용사와 결합하여 '얼마나 ~입니까'의 정도를 묻는 의문문이 된다.

> 多 + 大 dà 크다(나이가 많다) 高 gāo 높다(키가 크다) 长 cháng 길다
>   远 yuǎn 멀다 重 zhòng 무겁다

A 你多大?
Nǐ duō dà?
나이가 어떻게(얼마나) 되십니까?

B 我二十九岁。
Wǒ èrshí jiǔ suì.
저는 스물아홉 살입니다.

A 你多高?
Nǐ duō gāo?
키가 얼마나 되십니까?

B 我一米七。
Wǒ yì mǐ qī.
저는 1미터 70(170cm)입니다.

10-04

 1 现在 [xiànzài] 명 현재, 지금   2 点 [diǎn] 양 시

A	你多重? Nǐ duō zhòng?	몸무게가 얼마나 됩니까?
B	五十公斤³。 Wǔshí gōngjīn.	50kg입니다.

어법 3  나이 묻기와 띠 묻기

나이 묻기

상대방이 어린 아이인 경우	A: 你几岁(了⁴)? Nǐ jǐ suì (le)? B: 我八岁(了)。 Wǒ bā suì (le).	몇 살이니? 여덟 살이에요.
상대방이 동년배인 경우	A: 你多大(了)? Nǐ duō dà (le)? B: 我二十九岁(了)。 Wǒ èrshí jiǔ suì (le).	나이가 어떻게 되십니까? 스물아홉 살입니다.
상대방이 웃어른인 경우	A: 您多大年纪(了)? Nín duō dà niánjì (le)? B: 我七十八岁(了)。 Wǒ qīshí bā suì (le).	연세가 어떻게 되십니까? 일흔 여덟입니다.

띠 묻기

상대방의 '띠'를 물을 때	A: 你属什么? Nǐ shǔ shénme? B: 我属狗。 Wǒ shǔ gǒu.	당신은 무슨 띠입니까? 저는 개띠입니다.

10-04

 3 公斤 [gōngjīn] 양 킬로그램(kg)　　4 了 [le] 조 동사 뒤 혹은 문장 끝에 놓여, 완료, 변화, 새로운 상황의 출현을 나타낸다

티엔티엔 생각 표현하기

说一说

10-05

1 다음 그림을 보고 연령에 맞게 질문하고 답하세요.

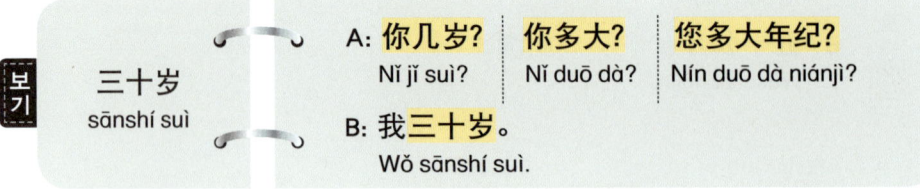

보기
三十岁
sānshí suì

A: 你几岁? | 你多大? | 您多大年纪?
Nǐ jǐ suì? | Nǐ duō dà? | Nín duō dà niánjì?

B: 我三十岁。
Wǒ sānshí suì.

七十二岁　　　二十二岁　　　八岁
qīshí èr suì　　èrshí èr suì　　bā suì

보기
狗
gǒu

A: 你属什么?
Nǐ shǔ shénme?

B: 我属狗。
Wǒ shǔ gǒu.

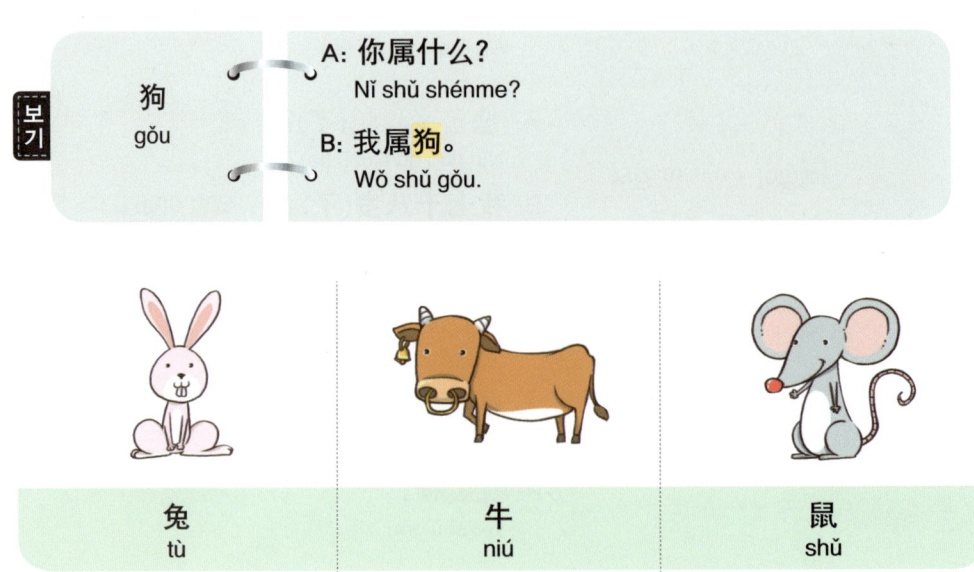

兔　　　　牛　　　　鼠
tù　　　　niú　　　　shǔ

126　파고다 중국어 기초 1

2 보기와 같이 단어와 문형을 연습하세요.

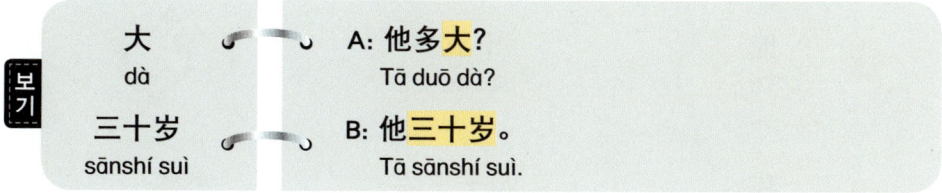

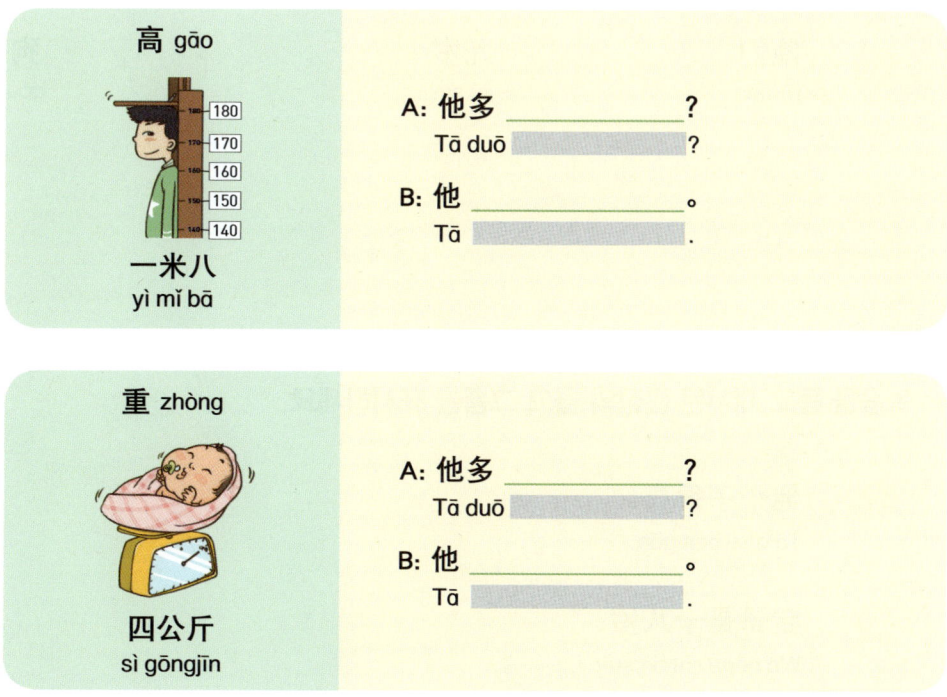

티엔티엔 듣고 표현하기

听一听

10-06
정답 및 녹음 대본 178p

듣기 1 녹음 내용과 일치하는 것끼리 서로 연결하세요.

① 他 Tā · · 十五岁 shí wǔ suì · · 🐔 鸡 jī

② 我 Wǒ · · 四十三岁 sìshí sān suì · · 🐯 虎 hǔ

③ 她们 Tāmen · · 九岁 jiǔ suì · · 🐕 狗 gǒu

듣기 2 녹음을 듣고 제시된 문장의 옳고 그름을 표시하세요.

① 他个子很高。
Tā gèzi hěn gāo.

② 我哥哥十八岁。
Wǒ gēge shí bā suì.

③ 我父亲今年七十岁。
Wǒ fùqin jīnnián qīshí suì.

티엔티엔 글로 표현하기

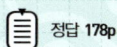

쓰기 1 빈칸에 들어갈 알맞은 단어를 보기에서 고르세요.

| 보기 | A 大 dà | B 挺 tǐng | C 岁 suì | D 属 shǔ | E 年纪 niánjì |

1. 你哥哥今年多 _____ ?
   Nǐ gēge jīnnián duō _____ ?
   당신 형은 나이가 어떻게 되십니까?

2. 你 _____ 什么?
   Nǐ _____ shénme?
   당신은 무슨 띠입니까?

3. 今年三十 _____ 。
   Jīnnián sānshí _____ .
   올해 서른 살입니다.

쓰기 2 주어진 단어를 어순에 맞게 배열하세요.

1. 多大 你 父母 年纪
   duō dà   nǐ   fùmǔ   niánjì
   _____ ?
   _____ ?
   당신 부모님은 연세가 어떻게 되십니까?

2. 个子 他 挺 的 高
   gèzi   tā   tǐng   de   gāo
   _____ 。
   _____ .
   그는 키가 매우 큽니다.

3. 属 你 什么
   shǔ   nǐ   shénme
   _____ ?
   _____ ?
   당신은 무슨 띠입니까?

티엔티엔 생각펼치기

聊一聊

 10-07

나의 띠 (我的属相 Wǒ de shǔxiang)

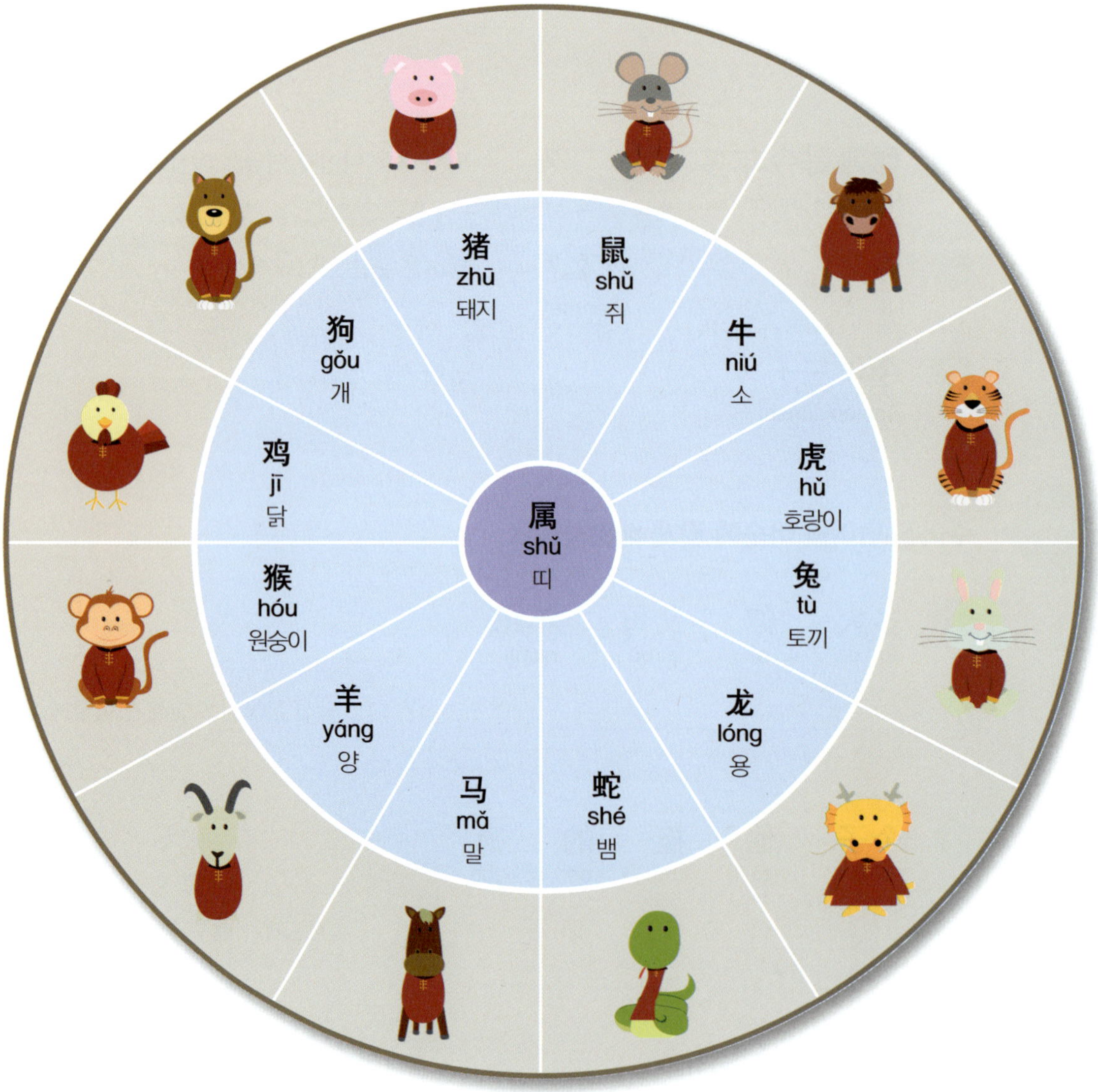

猪 zhū 돼지
鼠 shǔ 쥐
牛 niú 소
狗 gǒu 개
虎 hǔ 호랑이
鸡 jī 닭
属 shǔ 띠
兔 tù 토끼
猴 hóu 원숭이
龙 lóng 용
羊 yáng 양
马 mǎ 말
蛇 shé 뱀

UNIT 11

今天几月几号?
Jīntiān jǐ yuè jǐ hào?

오늘 몇 월 며칠이에요?

11-01

회화 포인트

중국어로 날짜 표현하기

今天五月十九号。
Jīntiān wǔ yuè shí jiǔ hào.
오늘은 5월 19일입니다.

어법 포인트

조동사 '想' 학습하기

我想喝咖啡。
Wǒ xiǎng hē kāfēi.
나는 커피를 마시고 싶습니다.

단어

生词

今天	[jīntiān]	명 오늘
月	[yuè]	명 월, 달
号	[hào]	명 일, 날짜
星期	[xīngqī]	명 주, 요일
星期五	[xīngqīwǔ]	명 금요일
啊	[à/a]	감 아! 와! (놀람이나 감탄을 나타냄)
明天	[míngtiān]	명 내일
生日	[shēngrì]	명 생일
祝	[zhù]	동 기원하다, 축복하다
快乐	[kuàilè]	형 유쾌하다, 즐겁다
想	[xiǎng]	조동 ~하고 싶다 동 생각하다, 그리워하다
电影	[diànyǐng]	명 영화

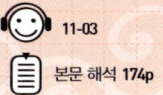

小东 Xiǎodōng	今天几月几号？ Jīntiān jǐ yuè jǐ hào?
美珍 Měizhēn	今天五月十九号。 Jīntiān wǔ yuè shí jiǔ hào.
小东 Xiǎodōng	今天星期几？ Jīntiān xīngqījǐ?
美珍 Měizhēn	今天星期五。 Jīntiān xīngqīwǔ.
小东 Xiǎodōng	啊，明天是我的生日。 À, míngtiān shì wǒ de shēngrì.
美珍 Měizhēn	是吗？祝你生日快乐！明天你想做什么？ Shì ma? Zhù nǐ shēngrì kuàilè! Míngtiān nǐ xiǎng zuò shénme?
小东 Xiǎodōng	我想看电影。 Wǒ xiǎng kàn diànyǐng.

 날짜 관련 표현

월, 일 읽기

'월'은 숫자 뒤에 '月 yuè'를 붙이고, '일'은 숫자 뒤에 '日 rì' 또는 '号 hào'를 붙여 읽는다. 회화에서는 주로 号 hào를 쓴다.

一月二十五号(日) 1월 25일　　十二月三十日(号) 12월 30일
yī yuè èrshí wǔ hào (rì)　　　shí èr yuè sānshí rì (hào)

• 연도를 읽을 때는 각 숫자를 하나씩 따로 읽고 뒤에 '年 nián'을 붙인다.

2016年　二零[1]一六年 èr líng yī liù nián

요일 읽기

월	화	수	목	금	토	일
星期一 xīngqīyī	星期二 xīngqī'èr	星期三 xīngqīsān	星期四 xīngqīsì	星期五 xīngqīwǔ	星期六 xīngqīliù	星期天 xīngqītiān 星期日 xīngqīrì

'星期[2] xīngqī' 대신 '礼拜[3] lǐbài, 周[4] zhōu'를 쓰기도 한다.

A 今天[5]几月几号?
　Jīntiān jǐ yuè jǐ hào?
B 今天二月二十七号。
　Jīntiān èr yuè èrshí qī hào.

오늘은 몇 월 며칠입니까?

오늘은 2월 27일입니다.

A 今天星期几?
　Jīntiān xīngqījǐ?
B 今天星期五。
　Jīntiān xīngqīwǔ.

오늘은 무슨 요일입니까?

오늘은 금요일입니다.

1 零 [líng] ㊀ 숫자 0, 영(제로)
2 星期 [xīngqī] 몡 요일
3 礼拜 [lǐbài] 몡 주, 요일
4 周 [zhōu] 몡 주, 요일
5 今天 [jīntiān] 몡 오늘

어법 2: 조동사(능원동사) '想'

조동사는 술어 앞에 놓여 주어의 희망, 의지, 능력 등을 표현한다.

조동사 '想 xiǎng'은 '~을 하고 싶다', '~하기를 바란다'라는 뜻으로 주관적인 바람을 나타낸다.

주어 + 想 + 술어 + 목적어

我想喝咖啡。
Wǒ xiǎng hē kāfēi.
나는 커피를 마시고 싶습니다.

她想睡觉⁶。
Tā xiǎng shuì jiào.
그녀는 자고 싶습니다.

[조동사의 특징]

① 부정형의 경우 조동사 앞에 '不'를 붙여 나타낸다.

我不想喝咖啡。
Wǒ bù xiǎng hē kāfēi.
나는 커피를 마시고 싶지 않습니다.

② 정반의문문의 경우 조동사를 정반의문문화 한다.

你想不想喝咖啡?
Nǐ xiǎng bu xiǎng hē kāfēi?
당신은 커피를 마시고 싶나요?

6 睡觉 [shuì jiào] 동 (잠을) 자다

11-04

티엔티엔 생각 표현하기

1 보기와 같이 날짜 표현 문형을 연습하세요.

[보기]
八月十八号 / 星期三
bā yuè shí bā hào / xīngqīsān

A: 今天几月几号?
　Jīntiān jǐ yuè jǐ hào?
B: 今天八月十八号。
　Jīntiān bā yuè shí bā hào.
A: 今天星期几?
　Jīntiān xīngqījǐ?
B: 今天星期三。
　Jīntiān xīngqīsān.

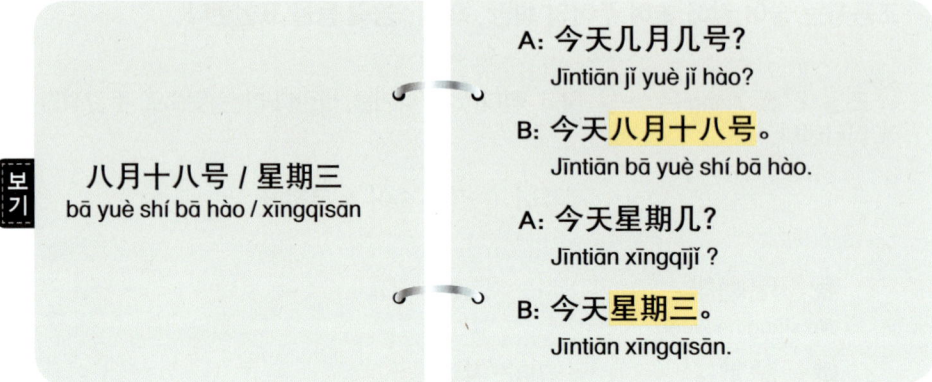

三月十四号 / 星期四
sān yuè shí sì hào / xīngqīsì

A: 明天几月几号?
　Míngtiān jǐ yuè jǐ hào?
B: 明天 _____ 。
　Míngtiān _____.
A: 明天星期几?
　Míngtiān xīngqījǐ?
B: 明天 _____ 。
　Míngtiān _____.

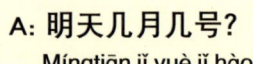

六月二十五号 / 星期天
liù yuè èrshí wǔ hào / xīngqītiān

A: 你的生日是几月几号?
　Nǐ de shēngrì shì jǐ yuè jǐ hào?
B: 我的生日是 _____ , 是 _____ 。
　Wǒ de shēngrì shì _____ , shì _____.

2 보기와 같이 단어와 문형을 연습하세요.

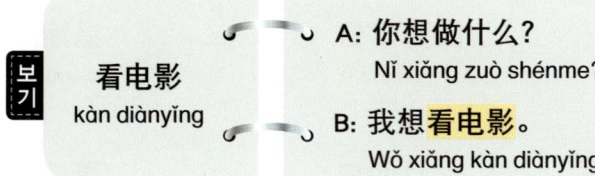

睡觉
shuì jiào

谈恋爱¹
tán liàn'ài

逛街²
guàng jiē

1 **谈恋爱** [tán liàn'ài] 동 연애하다   2 **逛街** [guàng jiē] 동 윈도우 쇼핑하다, 거리를 구경하다

티엔티엔 듣고 표현하기

听一听

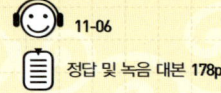

듣기 1 녹음 내용과 일치하는 것끼리 서로 연결하세요.

① 今天 Jīntiān · · 四月十日 sì yuè shí rì · · 星期五 xīngqīwǔ

② 明天 Míngtiān · · 十月四日 shí yuè sì rì · · 星期一 xīngqīyī

③ 我的生日 Wǒ de shēngrì · · 四月十四日 sì yuè shí sì rì · · 星期日 xīngqīrì

듣기 2 녹음을 듣고 제시된 문장의 옳고 그름을 표시하세요.

① 我星期天去中国。
Wǒ xīngqītiān qù Zhōngguó.

② 明天星期六。
Míngtiān xīngqīliù.

③ 大韩和民国都想去中国。
Dàhán hé Mínguó dōu xiǎng qù Zhōngguó.

티엔티엔 글로 표현하기

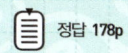

쓰기 1. 빈칸에 들어갈 알맞은 단어를 쓰세요.

보기: A 几 jǐ　B 是 shì　C 什么 shénme　D 月 yuè　E 想 xiǎng

1. 明天星期 _____ ?
   Míngtiān xīngqī _____ ?
   내일은 무슨 요일입니까?

2. 今天不是二 _____ 十号。
   Jīntiān bú shì èr _____ shí hào.
   오늘은 2월 10일이 아닙니다.

3. 我不 _____ 看电视。
   Wǒ bù _____ kàn diànshì.
   나는 TV를 보고 싶지 않습니다.

쓰기 2. 주어진 단어를 어순에 맞게 배열하세요.

1. 月 yuè　号 hào　几 jǐ　今天 jīntiān　几 jǐ
   _____ ?
   _____ ?
   오늘은 몇 월 며칠입니까?

2. 想 xiǎng　你 nǐ　看 kàn　吗 ma　电影 diànyǐng
   _____ ?
   _____ ?
   당신은 영화를 보고 싶습니까?

3. 你 nǐ　生日 shēngrì　祝 zhù　快乐 kuàilè
   _____ !
   _____ !
   생일 축하합니다!

티엔티엔 생각펼치기

聊一聊

 11-07

다양한 날짜 표현 익히기

去年	今年	明年
qùnián	jīnnián	míngnián
작년	올해	내년

上个月	这个月	下个月
shàng ge yuè	zhè ge yuè	xià ge yuè
지난달	이번 달	다음 달

上(个)星期	这(个)星期	下(个)星期
shàng (ge) xīngqī	zhè (ge) xīngqī	xià (ge) xīngqī
지난주	이번 주	다음 주

昨天	今天	明天
zuótiān	jīntiān	míngtiān
어제	오늘	내일

上个星期 지난주
shàng ge xīngqī

这个星期 이번 주
zhè ge xīngqī

下个星期 다음 주
xià ge xīngqī

昨天 어제
zuótiān

今天 오늘
jīntiān

明天 내일
míngtiān

UNIT 12

现在几点?
Xiànzài jǐ diǎn?

지금 몇 시예요?

12-01

회화 포인트

중국어로 시간 표현하기

现在两点二十分。
Xiànzài liǎng diǎn èrshí fēn.
지금은 2시 20분입니다.

어법 포인트

연동문 학습하기

他去中国学汉语。
Tā qù Zhōngguó xué Hànyǔ.
그는 중국어 배우러 중국에 갑니다.

단어

生词

 12-02

现在	[xiànzài]	명 지금, 현재
点	[diǎn]	양 시 (시간)
分	[fēn]	양 분 (시간)
下班	[xià bān]	동 퇴근하다
下午	[xiàwǔ]	명 오후
以后	[yǐhòu]	명 이후
健身房	[jiànshēnfáng]	명 헬스클럽
运动	[yùndòng]	명 동 운동(하다)
减肥	[jiǎn féi]	동 다이어트하다
那(么)	[nà(me)]	접 그러면, 그렇다면
咱们	[zánmen]	대 (상대방을 포함한) 우리(들)

小东 Xiǎodōng	现在几点? Xiànzài jǐ diǎn?
美珍 Měizhēn	现在两点二十分。 Xiànzài liǎng diǎn èrshí fēn.
小东 Xiǎodōng	你几点下班? Nǐ jǐ diǎn xià bān?
美珍 Měizhēn	下午五点下班。 Xiàwǔ wǔ diǎn xià bān.

小东 Xiǎodōng	下班以后,你去哪儿? Xià bān yǐhòu, nǐ qù nǎr?
美珍 Měizhēn	我去健身房做运动。 Wǒ qù jiànshēnfáng zuò yùndòng.
小东 Xiǎodōng	是吗?我也想减肥。 Shì ma? Wǒ yě xiǎng jiǎn féi.
美珍 Měizhēn	那么,咱们一起去吧。 Nàme, zánmen yìqǐ qù ba.

티엔티엔 기억하기

어법 1 — 시간 관련 표현

'시'는 [숫자 + 点 diǎn]으로, '분'은 [숫자 + 分 fēn]으로 나타낸다.

A: 现在几点?
　Xiànzài jǐ diǎn?

B: 现在两点二十分。
　Xiànzài liǎng diǎn èrshí fēn.

지금은 몇 시입니까?

지금은 2시 20분입니다.

시간 읽기

08:00	八点 bā diǎn	
08:05	八点零¹五(分) bā diǎn líng wǔ (fēn)	
08:15	八点十五(分) bā diǎn shí wǔ (fēn)	八点一刻² bā diǎn yí kè
08:30	八点三十(分) bā diǎn sānshí (fēn)	八点半³ bā diǎn bàn
08:45	八点四十五(分) bā diǎn sìshí wǔ (fēn)	八点三刻 bā diǎn sān kè
08:55	八点五十五(分) bā diǎn wǔshí wǔ (fēn)	差⁴五分九点 chà wǔ fēn jiǔ diǎn

1 零 [líng] 수 영, 제로
2 一刻 [yí kè] 명 15분
   *(三刻 [sān kè] 45분)
3 半 [bàn] 수 30분, 반
4 差 [chà] 동 부족하다, 모자라다

 12-04

어법 2 연동문

술어가 두 개 또는 두 개 이상의 동사나 동사구로 이루어진 문장을 연동문이라고 한다.

주어 + 동사₁ + (목적어₁) + 동사₂ + (목적어₂)

我　　去　　健身房　　做　　运动
Wǒ　qù　jiànshēnfáng　zuò　yùndòng

나는 운동하러 헬스클럽에 갑니다 (나는 헬스클럽에 가서 운동을 합니다)

他去中国学汉语。　　　　그는 중국어 배우러 중국에 갑니다. (목적)
Tā qù Zhōngguó xué Hànyǔ.

我去图书馆看书。　　　　나는 책 보러 도서관에 갑니다. (목적)
Wǒ qù túshūguǎn kàn shū.

我们用⁵筷子⁶吃饭。　　　우리는 젓가락을 사용하여 밥을 먹습니다. (수단, 방법)
Wǒmen yòng kuàizi chī fàn.

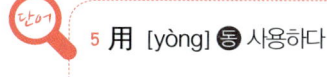
5 用 [yòng] 동 사용하다　　6 筷子 [kuàizi] 명 젓가락

 12-04

티엔티엔 생각 표현하기

 说一说

🎧 12-05

1 보기와 같이 시간 표현 문형을 연습하세요.

 보기

七点 / 七点十分
qī diǎn / qī diǎn shí fēn

A: 现在几点?
Xiànzài jǐ diǎn?

B: 现在七点。
Xiànzài qī diǎn.

A: 你几点下班?
Nǐ jǐ diǎn xià bān?

B: 我七点十分下班。
Wǒ qī diǎn shí fēn xià bān.

九点
jiǔ diǎn

上午¹九点半
shàngwǔ jiǔ diǎn bàn

A: 现在几点?
Xiànzài jǐ diǎn?

B: 现在 _____。
Xiànzài _____.

A: 你几点上班²?
Nǐ jǐ diǎn shàng bān?

B: 我 _____ 上班。
Wǒ _____ shàng bān.

两点三刻
liǎng diǎn sān kè

差五分三点
chà wǔ fēn sān diǎn

A: 现在几点?
Xiànzài jǐ diǎn?

B: 现在 _____。
Xiànzài _____.

A: 你几点下课³?
Nǐ jǐ diǎn xià kè?

B: 我 _____ 下课。
Wǒ _____ xià kè.

단어 1 上午 [shàngwǔ] 명 오전   2 上班 [shàng bān] 동 출근하다   3 下课 [xià kè] 동 수업을 마치다

2 보기와 같이 단어와 문형을 연습하세요.

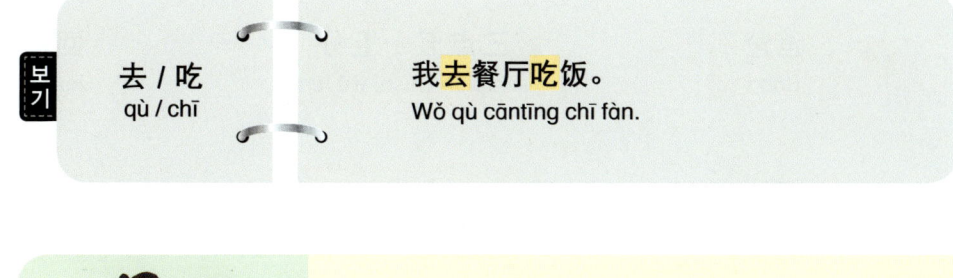

보기
去 / 吃
qù / chī

我去餐厅吃饭。
Wǒ qù cāntīng chī fàn.

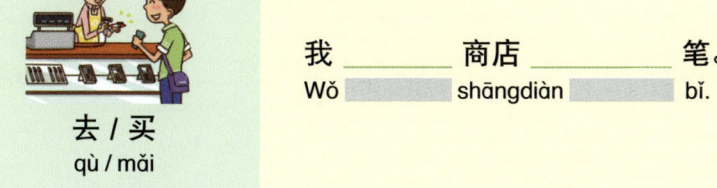

去 / 买
qù / mǎi

我 _____ 商店 _____ 笔。
Wǒ _____ shāngdiàn _____ bǐ.

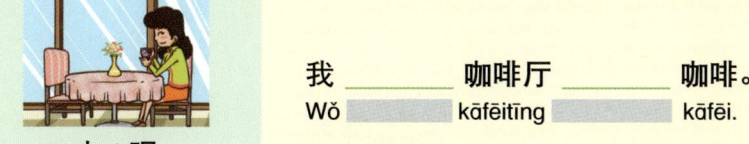

去 / 喝
qù / hē

我 _____ 咖啡厅 _____ 咖啡。
Wǒ _____ kāfēitīng _____ kāfēi.

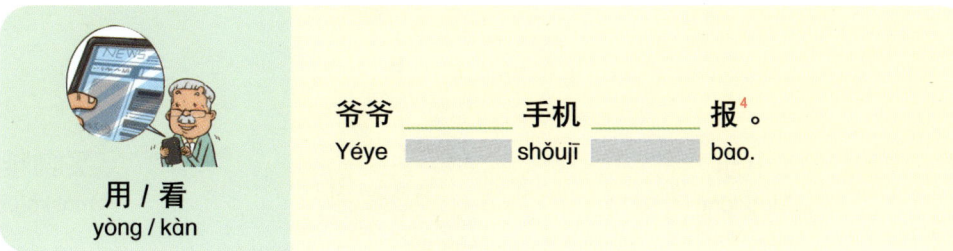

用 / 看
yòng / kàn

爷爷 _____ 手机 _____ 报[4]。
Yéye _____ shǒujī _____ bào.

4 报 [bào] 명 신문

티엔티엔 듣고 표현하기

听一听

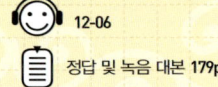

12-06

정답 및 녹음 대본 179p

듣기 1 녹음 내용과 일치하는 것끼리 서로 연결하세요.

① 爸爸 Bàba · · 三点五十五分 sān diǎn wǔshí wǔ fēn · · 回家 huí jiā

② 我 Wǒ · · 九点 jiǔ diǎn · · 下班 xià bān

③ 她 Tā · · 六点半 liù diǎn bàn · · 做运动 zuò yùndòng

듣기 2 녹음 내용과 일치하는 행동을 연결하세요.

A

① 我 Wǒ · · · · 学习汉语 xuéxí Hànyǔ

B

② 小东 Xiǎodōng · · · · 买咖啡 mǎi kāfēi

C

③ 大韩 Dàhán · · · · 看书 kàn shū

티엔티엔 글로 표현하기

写一写

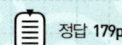 정답 179p

쓰기 1
빈칸에 들어갈 알맞은 단어를 쓰세요.

| 보기 | A 时 shí | B 前 qián | C 点 diǎn | D 去 qù | E 差 chà |

① 现在三 _____ 。   현재 3시입니다.
　Xiànzài sān

② 她 _____ 一刻八点下班。   그녀는 7시 45분에 퇴근합니다.
　Tā　　　　　　yí kè bā diǎn xià bān.

③ 他 _____ 餐厅吃饭。   그는 밥을 먹으러 식당에 갑니다.
　Tā　　　　　　cāntīng chī fàn.

쓰기 2
주어진 단어를 어순에 맞게 배열하세요.

① 点　现在　几
　diǎn　xiànzài　jǐ

　_____ ?   지금은 몇 시입니까?
　_____ ?

② 我　下班　半　两点
　wǒ　xià bān　bàn　liǎng diǎn

　_____ 。   나는 2시 반에 퇴근합니다.
　_____ 。

③ 我　运动　去　做　健身房
　wǒ　yùndòng　qù　zuò　jiànshēnfáng

　_____ 。   나는 운동하러 헬스클럽에 갑니다.
　_____ 。

나의 하루 (我的一天 Wǒ de yìtiān)

	起床 qǐ chuáng	일어나다
	吃早饭 chī zǎofàn	아침을 먹다
上午 shàngwǔ 오전	上课 shàng kè 上班 shàng bān	수업하다 출근하다
中午 zhōngwǔ 정오	吃午饭 chī wǔfàn	점심을 먹다
	学习 xuéxí 工作 gōngzuò	공부하다 일하다
	下课 xià kè 下班 xià bān	수업을 마치다 퇴근하다
下午 xiàwǔ 오후	吃晚饭 chī wǎnfàn	저녁을 먹다
	做运动 zuò yùndòng	운동을 하다
	洗澡 xǐ zǎo	샤워하다
晚上 wǎnshang 저녁	睡觉 shuì jiào	잠자다

早上 zǎoshang 몡 아침   凌晨 língchén 몡 새벽

UNIT 13

多少钱?
Duōshao qián?

얼마예요?

13-01

회화 포인트

중국어로 금액 읽기

A 多少钱?
　Duōshao qián?
　얼마입니까?

B 四块五。
　Sì kuài wǔ.
　4.5위안입니다.

어법 포인트

'一点儿' 학습하기

便宜(一)点儿吧。
Piányi (yì)diǎnr ba.
좀 싸게 해 주세요.

단어

草莓	[cǎoméi]	명 딸기
怎么	[zěnme]	대 어떻게, 어째서
卖	[mài]	동 팔다
块	[kuài]	양 화폐 단위, 위안
斤	[jīn]	양 근 (500g)
要	[yào]	동 원하다, 필요하다
还	[hái]	부 또, 아직
别的	[biéde]	대 다른 것, 다른 사람
再	[zài]	부 또, 다시, 더
猪肉	[zhūròu]	명 돼지고기
一共	[yígòng]	부 모두, 전부
多少	[duōshao]	대 얼마
太	[tài]	부 대단히, 너무
便宜	[piányi]	형 저렴하다, 싸다
(一)点儿	[(yì)diǎnr]	양 조금, 약간
行	[xíng]	형 좋다, 괜찮다, OK
售货员	[shòuhuòyuán]	명 판매원

본문

美娜 Měinà	草莓怎么卖？ Cǎoméi zěnme mài?
售货员 shòuhuòyuán	八块一斤。您要几斤？ Bā kuài yì jīn. Nín yào jǐ jīn?
美娜 Měinà	我要两斤。 Wǒ yào liǎng jīn.
售货员 shòuhuòyuán	还要别的吗？ Hái yào biéde ma?
美娜 Měinà	再来一斤猪肉。一共多少钱？ Zài lái yì jīn zhūròu. Yígòng duōshao qián?
售货员 shòuhuòyuán	一共四十三块五。 Yígòng sìshí sān kuài wǔ.
美娜 Měinà	太贵了，便宜点儿吧。 Tài guì le, piányi diǎnr ba.
售货员 shòuhuòyuán	行，那就四十三块吧。 Xíng, nà jiù sìshí sān kuài ba.

'来 lái'는 '오다'라는 뜻 외에도 물건을 사거나 음식을 주문할 때 '要 yào(필요하다)', '买 mǎi(사다)' 등의 동사를 대신하기도 한다.

'太~(了) tài~(le)'의 형식으로 쓰여 '매우 ~하다', '너무 ~하다'의 뜻을 나타낸다.

티엔티엔 기억하기 语法

어법 1 화폐(단위) 읽는 법

중국의 공식화폐는 위안화(CNY, 元)로 세는 단위는 다음과 같다
계산 단위는   元 yuán   角 jiǎo   分 fēn이며,
회화에서는   块 kuài   毛 máo   分 fēn을 쓴다.

5 . 4 7 元
↓ ↓ ↓
块 毛 分

A 多少钱?
  Duōshao qián?   얼마입니까?

B 八**块**八**毛**八(**分**＊)。   ￥8.88위안입니다.
  Bā kuài bā máo bā (fēn).

＊ 최근 중국에서는 화폐 '分 fēn'은 거의 사용하지 않고 있다.

❶ 회화에서 '块, 毛, 分'이 단독으로 쓰이면 '钱 qián'을 붙여 줄 수 있다.
   ￥5.00   五块(钱)   wǔ kuài (qián)
   ￥0.50   五毛(钱)   wǔ máo (qián)
   ￥0.01   一分(钱)   yì fēn (qián)

❷ '毛'나 '分'이 마지막에 오면 생략할 수 있다.
   ￥16.70   十六块七(毛)   shí liù kuài qī (máo)

❸ '2'가 단독으로 쓰일 경우, '两 liǎng'으로 읽는다.
   ￥2.00   两块   liǎng kuài
   ￥0.20   两毛   liǎng máo

❹ '2'가 마지막에 오는 경우, '二 èr'로 읽는다.
   ￥2.20   两块二   liǎng kuài èr

어법 2 一点儿

'一点儿 yìdiǎnr'은 '조금, 약간'이라는 뜻으로 동사·형용사 뒤, 명사 앞에 놓여 '정도가 경미하거나 양이 적음'을 나타낸다.

형용사 / 동사 + 一点儿

便宜一点儿
piányi yìdiǎnr

我喝一点儿酒。
Wǒ hē yìdiǎnr jiǔ.

你想买(一*)点儿什么?
Nǐ xiǎng mǎi (yì)diǎnr shénme?

一点儿 + 명사

一点儿水¹
yìdiǎnr shuǐ

나는 술을 조금 마십니다.

당신은 뭘 좀 사고 싶으세요?

* 회화에서는 일반적으로 '一'가 생략된다.

Tip 중국의 화폐

纸币 지폐
zhǐbì

硬币 동전
yìngbì

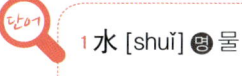
1 水 [shuǐ] 몡 물

티엔티엔 생각 표현하기

说一说

13-05

1 보기와 같이 금액 관련 문형을 연습하세요.

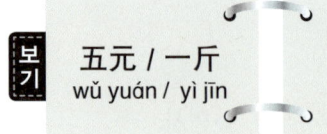

보기 五元 / 一斤
wǔ yuán / yì jīn

A: 两斤草莓多少钱?
Liǎng jīn cǎoméi duōshao qián?

B: 十块。
Shí kuài.

两块二 / 个
liǎng kuài èr / ge

A: 两个面包多少钱?
Liǎng ge miànbāo duōshao qián?

B: _____。
_____.

十块 / 本
shí kuài / běn

A: 三本书多少钱?
Sān běn shū duōshao qián?

B: _____。
_____.

二十五块 / 杯
èrshí wǔ kuài / bēi

A: 两杯咖啡多少钱?
Liǎng bēi kāfēi duōshao qián?

B: _____。
_____.

2 보기와 같이 단어와 문형을 연습하세요.

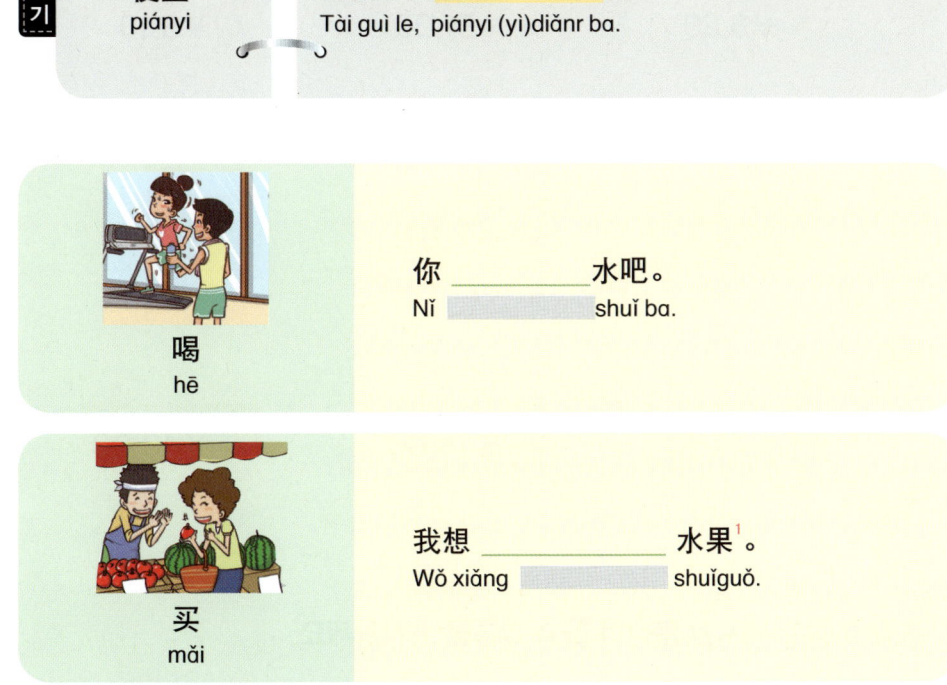

1 水果 [shuǐguǒ] 몡 과일
2 快 [kuài] 혱 빠르다 튀 빨리
3 时间 [shíjiān] 몡 시간, 틈
4 说 [shuō] 동 말하다

티엔티엔 듣고 표현하기

听一听

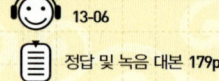
13-06
정답 및 녹음 대본 179p

듣기 1
녹음 내용과 일치하는 금액을 고르세요.

① ☐
- A ￥5.20
- B ￥51.00
- C ￥5.10

② ☐
- A ￥2.82
- B ￥2.81
- C ￥28.10

③ ☐
- A ￥14.00
- B ￥44.00
- C ￥40.00

듣기 2
녹음을 듣고 제시된 문장의 옳고 그름을 표시하세요.

① 我要两斤草莓。 ☐
Wǒ yào liǎng jīn cǎoméi.

② 不要别的。 ☐
Bú yào biéde.

③ 一共三十块。 ☐
Yígòng sānshí kuài.

티엔티엔 글로 표현하기

写一写

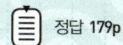
정답 179p

쓰기 1 빈칸에 들어갈 알맞은 단어를 쓰세요.

| 보기 | A 多少 duōshao | B 几 jǐ | C 来 lái | D 一共 yígòng | E 怎么 zěnme |

① 一共 _____ 钱?   모두 얼마입니까?
   yígòng   qián?

② 草莓 _____ 卖?   딸기 어떻게 팝니까?
   Cǎoméi   mài?

③ 再 _____ 一斤猪肉。   돼지고기 한 근 더 주세요.
   Zài   yì jīn zhūròu.

쓰기 2 주어진 단어를 어순에 맞게 배열하세요.

① 吗   要   别的   还   你
   ma   yào   biéde   hái   nǐ

_____?   당신은 다른 것 더 필요합니까?
_____?

② 块   一共   四十   钱
   kuài yígòng   sìshí   qián

_____。   모두 합해서 40위안입니다.
_____.

③ 太   (一)点儿   贵   了   便宜   吧
   tài   (yì)diǎnr   guì   le   piányi ba

_____ , _____ 。   너무 비싸요, 조금 싸게 해 주세요.
_____ , _____ .

티엔티엔 생각펼치기

聊一聊

과일 (水果 shuǐguǒ)

- 菠萝 bōluó 파인애플
- 西瓜 xīguā 수박 
- 草莓 cǎoméi 딸기 
- 桃子 táozi 복숭아 
- 葡萄 pútáo 포도 
- 芒果 mángguǒ 망고 
- 橙子 chéngzi 오렌지 
- 苹果 píngguǒ 사과 
- 香蕉 xiāngjiāo 바나나 
- 橘子 júzi 귤 
- 梨 lí 배

UNIT 14

北京离这儿远吗?
Běijīng lí zhèr yuǎn ma?

베이징은 여기서 멀어요?

14-01

회화 포인트

중국어로 축원의 표현 익히기

祝你一路顺风！
Zhù nǐ yí lù shùn fēng!
떠나는 길이 순조롭기를 바랍니다!

어법 포인트

전치사 '离' 학습하기

北京离这儿远吗?
Běijīng lí zhèr yuǎn ma?
베이징은 여기서 멉니까?

동사 중첩 학습하기

你问问老师吧。
Nǐ wènwen lǎoshī ba.
선생님께 한번 여쭤보세요.

단어

听说	[tīngshuō]	동 듣자하니 (~라고 한다)
打算	[dǎsuan]	명 계획 동 ~할 생각이다(작정이다)
离	[lí]	전 ~로부터, ~에서
这儿	[zhèr]	대 여기, 이곳
不太	[bú tài]	부 그다지 ~하지 않다
什么时候	[shénme shíhou]	대 언제
下个月	[xià ge yuè]	다음 달
好吃	[hǎo chī]	형 맛있다
尝	[cháng]	동 맛보다
一路顺风	[yí lù shùn fēng]	성 (떠나는 길이) 순조롭기를 바랍니다
北京	[Běijīng]	고유 베이징
北京烤鸭	[Běijīng Kǎoyā]	고유 베이징 덕(Peking duck), 베이징 오리구이
北京大学	[Běijīng Dàxué]	고유 베이징대학 (북경대학) '北大 [Běi-Dà]'로 약칭한다

王丽 Wáng Lì	听说你去中国，是吗? Tīngshuō nǐ qù Zhōngguó, shì ma?
民国 Mínguó	对。我打算去北京大学学汉语。 Duì. Wǒ dǎsuan qù Běijīng Dàxué xué Hànyǔ.
美珍 Měizhēn	北京离这儿远吗? Běijīng lí zhèr yuǎn ma?
民国 Mínguó	不太远。 Bú tài yuǎn.
小东 Xiǎodōng	你什么时候去? Nǐ shénme shíhou qù?
民国 Mínguó	下个月去。 Xià ge yuè qù.
王丽 Wáng Lì	北京烤鸭很好吃，你去尝尝吧。 Běijīng Kǎoyā hěn hǎo chī, nǐ qù chángchang ba.
民国 Mínguó	好的。 Hǎo de.
大家 dàjiā	祝你一路顺风! Zhù nǐ yí lù shùn fēng!

이때 '的 de'는 '긍정, 동의'의 어기를 강조한다.

예 是的 shì de 그렇다, 맞다

옛날에는 주로 배를 타고 여행길에 올랐기에 순조로운 여행을 기원하는 '一路顺风'으로 표현했으나 최근에는 여행길이 평안하고 무사하길 바란다는 의미의 '一路平安(yílùpíng'ān)'을 자주 사용한다.

티엔티엔 기억하기

어법 1 전치사 '离'

전치사 '离 lí'는 주로 장소와 결합하여 전치사구를 이루며, '~로부터', '~에서'라는 뜻을 나타낸다.

> A + 离 B(장소) ~   A는 B에서부터 ~
>
> 北京离这儿远不远?   베이징은 여기에서(부터) 멉니까?
> Běijīng lí zhèr yuǎn bu yuǎn?
>
> 中国离韩国不远。   중국은 한국에서(부터) 멀지 않습니다.
> Zhōngguó lí Hánguó bù yuǎn.
>
> 洗手间¹离这儿不太远。 화장실이 여기서(부터) 그다지 멀지 않습니다.
> Xǐshǒujiān lí zhèr bú tài yuǎn.
>
> 我家离公司²很近³。   우리 집은 회사에서(부터) 가깝습니다.
> Wǒ jiā lí gōngsī hěn jìn.

• 전치사 '离'는 기준이 되는 장소를 강조하며, 주로 멀고 가까움을 나타내는 '远 yuǎn, 近 jìn' 등의 술어와 함께 쓰인다.

 ¹ 洗手间 [xǐshǒujiān] 명 화장실
² 公司 [gōngsī] 명 회사
³ 近 [jìn] 형 가깝다

 14-04

어법 2 | 동사 중첩

동사의 중첩은 '동작이 이루어지는 시간이 짧거나' 혹은 '동작이 가볍게 행해짐', 때로는 '시험삼아 어떤 행동을 해본다'는 의미를 갖는다.

단음절(일음절)동사　　A → AA / A一A

看	→	看看 / 看一看	한번 보다
kàn		kànkan / kàn yi kàn	
尝	→	尝尝 / 尝一尝	한번 맛보다
cháng		chángchang / cháng yi cháng	

이때 AA의 경우 두 번째 A는 경성으로 읽는다.

쌍음절(이음절)동사　　AB → ABAB

学习	→	学习学习	잠시 공부하다
xuéxí		xuéxí xuéxí	
休息	→	休息休息	잠시 좀 쉬다
xiūxi		xiūxi xiūxi	

你问⁴问老师吧。　　　　　선생님께 한번 여쭤보세요.
Nǐ wènwen lǎoshī ba.

我们听一听他的歌⁵。　　　우리 그의 노래를 한번 들어봐요.
Wǒmen tīng yi tīng tā de gē.

太累了，我们休息休息吧。　너무 피곤하네요, 우리 좀 쉬어요.
Tài lèi le, wǒmen xiūxi xiūxi ba.

 14-04

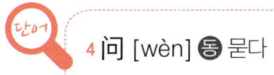　4 问 [wèn] 동 묻다　　　　5 歌 [gē] 명 노래

티엔티엔 생각 표현하기

说一说   14-05

1 보기와 같이 단어와 문형을 연습하세요.

보기
这儿 / 不太远
zhèr / bú tài yuǎn

北京离这儿不太远。
Běijīng lí zhèr bú tài yuǎn.

韩国 / 不远
Hánguó / bù yuǎn

中国 _____ 。
Zhōngguó _____ .

我家 / 很近
wǒ jiā / hěn jìn

书店 _____ 。
Shūdiàn _____ .

补习班¹ / 很远
bǔxíbān / hěn yuǎn

公司 _____ 。
Gōngsī _____ .

1 补习班 [bǔxíbān] 명 학원

2 보기와 같이 단어와 문형을 연습하세요.

| 보기 | 尝 cháng | 你<mark>尝尝</mark>北京烤鸭吧。
Nǐ chángchang Běijīng Kǎoyā ba. |

看 kàn

_____ 我！
_____ wǒ!

等² děng

请大家 _____ ！
Qǐng dàjiā _____ !

休息 xiūxi

太累了，我们 _____ 吧。
Tài lèi le, wǒmen _____ ba.

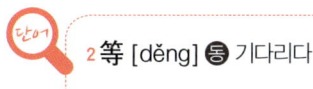
² 等 [děng] 동 기다리다

14. 베이징은 여기서 멀어요?

티엔티엔 듣고 표현하기

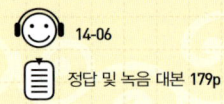

14-06

정답 및 녹음 대본 179p

듣기 1 녹음 내용과 일치하는 내용이나 그림을 선택하세요.

① 首尔离北京 **A** 不近 **B** 很远 **C** 不太远 。
Shǒu'ěr lí Běijīng　A bú jìn　B hěn yuǎn　C bú tài yuǎn.

② 民国打算去 **A** 哈尔滨[1] **B** 上海 **C** 北京 学汉语。
Mínguó dǎsuan qù　A Hā'ěrbīn　B Shànghǎi　C Běijīng　xué Hànyǔ.

③

A　　　　　　B　　　　　　C

듣기 2 녹음을 듣고 제시된 문장의 옳고 그름을 표시하세요.

① 中国离这儿很远。
Zhōngguó lí zhèr hěn yuǎn.

② 民国这个月去北京。
Mínguó zhè ge yuè qù Běijīng.

③ 他们打算吃北京烤鸭。
Tāmen dǎsuan chī Běijīng Kǎoyā.

단어

1 哈尔滨 [Hā'ěrbīn] 고유 하얼빈

168　파고다 중국어 기초 1

티엔티엔 글로 표현하기

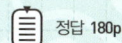
정답 180p

写一写

쓰기 1 빈칸에 들어갈 알맞은 단어를 보기에서 고르세요.

| 보기 | A 远 yuǎn | B 在 zài | C 近 jìn | D 什么时候 shénme shíhou | E 离 lí |

① 上海不太 _____ 。 상하이는 그다지 멀지 않습니다.
　Shànghǎi bú tài _____ .

② 你 _____ 去北京? 당신은 언제 베이징에 갑니까?
　Nǐ _____ qù Běijīng?

③ 美国 _____ 这儿很近。 미국은 여기에서 가깝습니다.
　Měiguó _____ zhèr hěn jìn.

쓰기 2 주어진 단어를 배열하여 완전한 문장을 만드세요.

① 北京烤鸭　听说　好吃　很
　Běijīng Kǎoyā　tīngshuō　hǎo chī　hěn

　_____。 들자하니 베이징 오리구이가 맛있다고 합니다.

② 学汉语　北京大学　打算　去　我
　xué Hànyǔ　Běijīng Dàxué　dǎsuan　qù　wǒ

　_____。 나는 중국어를 배우러 베이징대학에 갈 계획이다.

③ 你　一路　祝　顺风
　nǐ　yí lù　zhù　shùn fēng

　_____! 떠나는 길이 순조롭기를 바랍니다!

축원의 표현 (祝愿词 zhùyuàncí)

新年快乐！
Xīnnián kuàilè!
즐거운 새해 되세요!

恭喜发财！
Gōngxǐ fā cái!
부자 되세요! (주로 새해에 하는 인사)

祝你万事如意！
Zhù nǐ wàn shì rú yì!
모든 일이 뜻대로 이루어지기를 바랍니다!

祝你生日快乐！
Zhù nǐ shēngrì kuàilè!
생일 축하합니다!

周末愉快(快乐)！
Zhōumò yúkuài(kuàilè)!
즐거운 주말 되세요!

祝你幸福(快乐)！
Zhù nǐ xìngfú (kuàilè)!
행복하세요!

圣诞愉快(快乐)！
Shèngdàn yúkuài(kuàilè)!
즐거운 성탄 되세요!

본문(课文) 해석

Chapter 1

UNIT 01 안녕하세요!

선생님	안녕!
민국	안녕하세요!

샤오둥	고마워요!
민국	천만에요!

샤오둥	미안해요!
민국	괜찮아요!

샤오둥	잘 가요!
민국	잘 가요!

UNIT 02 잘 지내세요?

왕밍	잘 지내세요?
대한	잘 지내요, 당신은요?
왕밍	저도 잘 지냅니다, 당신 가족들은 모두 잘 계세요?
대한	그들도 모두 잘 계세요.

UNIT 03 당신은 책을 삽니까?

미나	당신은 책을 삽니까?
대한	저는 책을 사요, 당신은요?
미나	저는 책을 사지 않아요.

대한	당신은 일이 바빠요?
미나	저는 일이 바쁘지 않아요.
대한	당신 아버지는 건강이 좋으세요?
미나	그는 건강이 좋습니다.

UNIT 04 이것은 무엇입니까?

샤오둥	이것은 무엇입니까?
미진	이것은 펜입니다.
샤오둥	저것은 TV입니까?
미진	저것은 TV가 아니고, 컴퓨터입니다.
샤오둥	당신은 무엇을 마십니까?
미진	저는 커피를 마셔요. 당신은 무엇을 먹나요?
샤오둥	저는 빵을 먹습니다.

Chapter 2

UNIT 05 당신의 성은 무엇입니까?

민국 말씀 좀 묻겠습니다, 당신의 성은 무엇입니까?
왕리 제 성은 왕씨이고, 왕리라고 합니다.
　　　당신의 이름은 무엇입니까?
민국 저는 김민국입니다.
　　　당신은 어느 나라 사람입니까?
왕리 저는 중국인입니다.
민국 만나서 반갑습니다.
왕리 저도 만나서 반갑습니다.

UNIT 06 당신은 어디를 가세요?

미진 당신은 어디를 가세요?
왕밍 도서관에 가요.
미진 도서관은 멉니까?
왕밍 멀지 않아요, 바로 저기에 있어요.
미진 민국이는 어디에 있어요?
왕밍 저도 모르겠어요.

UNIT 07 그는 누구입니까?

샤오둥 그는 누구예요?
미나 　제 남동생이에요.
샤오둥 이것은 누구의 휴대 전화예요?
미나 　이것은 그의 휴대 전화예요.
샤오둥 당신은 남자친구가 있어요?
미나 　저는 남자친구가 없어요.

UNIT 08 당신 가족은 몇 명입니까?

미진 당신 가족은 몇 명이에요?
민국 저희 식구는 다섯 명이에요.
미진 당신 가족은 모두 어떻게 되요?
민국 아버지, 어머니, 두 명의 형과 저요.
　　　당신 가족은요?
미진 저희 가족은 네 명이에요. 이것은 저희 가족의
　　　가족사진이에요.
민국 오! 그녀는 당신 여동생이에요?
　　　그녀는 정말 예뻐요!

UNIT 09 당신은 어디에서 일하세요?

왕밍 어디 가요?
미나 오빠와 함께 식당에 가요. 당신도 같이 가요.
왕밍 좋아요. 당신 오빠는 무슨 일을 해요?
미나 우리 오빠는 의사이고, 그는 아주 똑똑해요.
　　　참, 당신 누나는 어디에서 일하세요?
왕밍 그녀는 학교에서 일하고, 선생님이에요.
미나 그래요? 다음에 우리 네 명이 함께 식사해요.

UNIT 10 당신은 올해 나이가 어떻게 되세요?

(미나의) 오빠 당신은 올해 나이가 어떻게 되세요?
(왕밍의) 누나 올해 서른 살이에요.
오빠 당신의 부모님은 올해 연세가 어떻게 되세요?
누나 아버지는 올해 예순이시고, 어머니는 올해 쉰여섯이세요.
오빠 당신 키가 꽤 크네요, 키가 얼마나 되요?
누나 1미터 68(168cm)이에요. 당신은 무슨 띠예요?
오빠 저는 개띠예요.

UNIT 11 오늘 몇 월 며칠이에요?

샤오둥 오늘 몇 월 며칠이에요?
미진 오늘은 5월 19일이에요.
샤오둥 오늘은 무슨 요일이에요?
미진 오늘은 금요일이에요.
샤오둥 아, 내일은 제 생일이네요.
미진 그래요? 생일 축하해요! 내일 당신은 무엇을 하고 싶어요?
샤오둥 나는 영화를 보고 싶어요.

UNIT 12 지금 몇 시예요?

샤오둥 지금 몇 시예요?
미진 지금은 2시 20분이에요.
샤오둥 당신은 몇 시에 퇴근해요?
미진 오후 5시에 퇴근해요.

샤오둥 퇴근하고 난 후, 당신은 어디 가요?
미진 저는 헬스클럽에 운동하러 가요.
샤오둥 그래요? 나도 다이어트하고 싶어요.
미진 그러면, 우리 함께 가요.

UNIT 13 얼마예요?

미나 딸기 어떻게 팔아요?
판매원 한 근에 8위안입니다. 몇 근 필요하세요?
미나 두 근 필요해요.
판매원 다른 것 더 필요하세요?
미나 돼지고기 한 근 더 주세요. 모두 얼마입니까?
판매원 모두 43.5위안입니다.
미나 너무 비싸네요, 좀 싸게 해 주세요.
판매원 좋아요, 그럼 43위안 합시다.

UNIT 14 베이징은 여기서 멀어요?

왕리 듣자하니 당신 중국에 간다고 하던데, 맞나요?
민국 맞아요. 저는 중국어 공부를 하러 베이징대학에 갈 계획입니다.
미진 베이징은 여기서 멀어요?
민국 그다지 멀지 않아요.
샤오둥 당신은 언제 가요?
민국 다음 달에 갑니다.
왕리 베이징 오리구이가 참 맛있는데, 한번 맛보러 가세요.
민국 알겠습니다.
모두 잘 지내길 바래요!

정답 및 녹음 대본

* 매 unit의 티엔티엔 생각 표현하기의 정답은 파고다 북스 홈페이지(www.pagodabook.com)에서 다운로드 하실 수 있습니다.

Chapter 1

UNIT 01 안녕하세요!

티엔티엔 듣고 표현하기 听一听 / 듣기

01 ① 老师好! ② 不客气! ③ 对不起!
　　① B　② A　③ A

02 ① B duì　② A bú dà　③ A měihǎo

티엔티엔 글로 표현하기 写一写 / 쓰기

01 ① C 老师 lǎoshī　② A 她 tā　③ B 喝 hē

02 ① 他看我。 Tā kàn wǒ.
　　② 你们好! Nǐmen hǎo!
　　③ 我爱你。 Wǒ ài nǐ.

UNIT 02 잘 지내세요?

티엔티엔 듣고 표현하기 听一听 / 듣기

01 ① A: 你好吗?
　　　B: 我很好。
　② A: 你家人都好吗?
　　　B: 他们都很好。
　③ A: 你累吗?
　　　B: 我很累, 你呢?
　　　A: 我也很累。
　　① A　② B　③ A

02 ① B fú　② A nǚ　③ B shè

티엔티엔 글로 표현하기 写一写 / 쓰기

01 ① A 很 hěn　② D 吗 ma　③ E 忙 máng

02 ① 他也很好。 Tā yě hěn hǎo.
　　② 你家人都好吗? Nǐ jiārén dōu hǎo ma?
　　③ 我不累。 Wǒ bú lèi.

UNIT 03 당신은 책을 삽니까?

티엔티엔 듣고 표현하기 听一听 / 듣기

01 ① A: 你喝茶吗?　B: 我喝茶。
　② A: 你工作忙吗?　B: 我工作很忙。
　③ A: 她吃饭吗?　B: 她吃饭。
　　① B　② A　③ A

02 ① shéi　② dǒng　③ pàng

티엔티엔 글로 표현하기 写一写 쓰기

01 ① B 工作　　② D 买　　③ E 身体
　　　　gōngzuò　　 mǎi　　　shēntǐ

02 ① 我不买书。
　　　Wǒ bù mǎi shū.
　② 他工作很忙。
　　　Tā gōngzuò hěn máng.
　③ 他身体好吗?
　　　Tā shēntǐ hǎo ma?

UNIT 04 이것은 무엇입니까?

티엔티엔 듣고 표현하기 听一听 듣기

01 ① A: 她(他)吃什么?
　　　B: 她(他)吃面包。
　② A: 你喝什么?
　　　B: 我喝咖啡。
　③ A: 这是电脑吗?
　　　B: 这不是电脑, 这是电视。

　① A　　② A　　③ B

02 ① B chī　　② B xiā　　③ B xué

티엔티엔 글로 표현하기 写一写 쓰기

01 ① D 这　　② A 不　　③ C 什么
　　　zhè　　 bú　　　 shénme

02 ① 他吃面包。
　　　Tā chī miànbāo.
　② 你喝什么?
　　　Nǐ hē shénme?
　③ 那是电脑吗?
　　　Nà shì diànnǎo ma?

UNIT 05 당신의 성은 무엇입니까?

티엔티엔 듣고 표현하기 听一听 듣기

01 ① A: 您贵姓?
　　　B: 我姓金。
　② A: 你是哪国人?
　　　B: 我是中国人。
　③ A: 你是中国人吗?
　　　B: 我不是中国人, 我是韩国人。

　① B　　② C　　③ A

02 ① guì / duì　　② kùn / cún　　③ quàn / juán

티엔티엔 글로 표현하기 写一写 쓰기

01 ① E 姓　　② C 叫　　③ D 哪
　　　xìng　　 jiào　　　 nǎ

02 ① 认识你很高兴。
　　　Rènshi nǐ hěn gāoxìng.
　② 你叫什么名字?
　　　Nǐ jiào shénme míngzi?
　③ 你是哪国人?
　　　Nǐ shì nǎ guó rén?

UNIT 06 당신은 어디를 가세요?

티엔티엔 듣고 표현하기 听一听 듣기

01 ① A: 你去哪儿?　　B: 我去学校。
　② A: 民国在哪儿?　B: 他在图书馆。
　③ A: 你去不去中国?　B: 我去中国。

　① D　　② B　　③ A

02 ① shuāng / guàng　② qiōng / xióng　③ jīn / pín

티엔티엔 글로 표현하기 　写一写　　쓰기

01　① C 哪儿　　② D 不　　③ A 那儿
　　　　nǎr　　　　bu　　　　　nàr

02　① 你在哪儿?
　　　Nǐ zài nǎr?
　　② 图书馆远不远?
　　　Túshūguǎn yuǎn bu yuǎn?
　　③ 学校就在那儿。
　　　Xuéxiào jiù zài nàr.

UNIT 07　그는 누구입니까?

티엔티엔 듣고 표현하기　听一听　　듣기

01　① 这是我的手机。
　　② 他有女朋友。
　　③ 我没有弟弟。

　　① B　　② C　　③ D

02　① jū / qù　② xuàn / juán　③ lǚ / nǚ

티엔티엔 글로 표현하기　写一写　　쓰기

01　① B 没有　　② C 的　　③ D 谁
　　　méiyǒu　　　de　　　　shéi

02　① 你有没有男朋友?
　　　Nǐ yǒu méiyǒu nán péngyou?
　　② 这是谁的手机?
　　　Zhè shì shéi de shǒujī?
　　③ 他是我弟弟。
　　　Tā shì wǒ dìdi.

Chapter 2

UNIT 08　당신 가족은 몇 명입니까?

티엔티엔 듣고 표현하기　听一听　　듣기

01　① 她买三个面包。
　　② 我家有爸爸、妈妈、妹妹和我。
　　③ 我买两本书。

　　① B　　② A　　③ D

02　① A: 你家都有什么人?
　　　　B: 我爱人、一个儿子、一个女儿和我。
　　② 他买一本书和一杯可乐。
　　③ A: 你有中国朋友吗?
　　　　B: 我有一个中国朋友。

　　① X　　② O　　③ O

티엔티엔 글로 표현하기　写一写　　쓰기

01　① E 两　　② B 口　　③ D 个
　　　liǎng　　　kǒu　　　　ge

02　① 你家都有什么人?
　　　Nǐ jiā dōu yǒu shénme rén?
　　② 我有两个姐姐。
　　　Wǒ yǒu liǎng ge jiějie.
　　③ 你买几本书?
　　　Nǐ mǎi jǐ běn shū?

UNIT 09 당신은 어디에서 일하세요?

티엔티엔 듣고 표현하기 听一听 듣기

01 ① 我在家看书。
   ② 我爸爸是医生。
   ③ 我跟我妈妈一起喝咖啡。

   ① B ② D ③ A

02 ① 我不是老师，我哥哥是老师。
   ② A: 你在哪儿吃饭?
      B: 我在家吃饭。
   ③ 我跟我朋友一起去中国。

   ① X ② O ③ X

티엔티엔 글로 표현하기 写一写 쓰기

01 ① B 在   ② C 做   ③ D 吧
      zài   zuò   ba

02 ① 你爸爸在哪儿工作?
      Nǐ bàba zài nǎr gōngzuò?
   ② 我跟朋友一起去餐厅。
      Wǒ gēn péngyou yìqǐ qù cāntīng.
   ③ 我们一起吃饭吧。
      Wǒmen yìqǐ chī fàn ba.

UNIT 10 당신은 올해 나이가 어떻게 되세요?

티엔티엔 듣고 표현하기 听一听 듣기

01 ① 他今年四十三岁，属虎。
   ② 我今年十五岁，属狗。
   ③ 她们今年九岁，属鸡。

02 ① 他个子一米八，挺高的。
   ② 我弟弟十八岁，我哥哥二十五岁。

   ③ 我父亲今年七十二岁，我母亲今年七十岁。

   ① O ② X ③ X

티엔티엔 글로 표현하기 写一写 쓰기

01 ① A 大   ② D 属   ③ C 岁
      dà   shǔ   suì

02 ① 你父母多大年纪?
      Nǐ fùmǔ duō dà niánjì?
   ② 他个子挺高的。
      Tā gèzi tǐng gāo de.
   ③ 你属什么?
      Nǐ shǔ shénme?

UNIT 11 오늘 몇 월 며칠이에요?

티엔티엔 듣고 표현하기 听一听 듣기

01 ① 今天十月四号，星期日。
   ② 明天四月十号，星期一。
   ③ 我的生日是四月十四号，星期五。

02 ① 今天星期六，我明天去中国。
   ② A: 今天星期几?
      B: 今天星期四。
   ③ 大韩想去中国，民国不想去中国。

   ① O ② X ③ X

티엔티엔 글로 표현하기 写一写 쓰기

01 ① A 几   ② D 月   ③ E 想
      jǐ   yuè   xiǎng

02 ① 今天几月几号?
      Jīntiān jǐ yuè jǐ hào?
   ② 你想看电影吗?
      Nǐ xiǎng kàn diànyǐng ma?

❸ 祝你生日快乐！
　Zhù nǐ shēngrì kuàilè!

UNIT 12 지금 몇 시예요?

티엔티엔 듣고 표현하기　听一听　듣기

01 ❶ 爸爸六点半下班。
　　❷ 我差五分四点回家。
　　❸ 她九点做运动。

02 ❶ 我去书店看书。
　　❷ 小东去超市买咖啡。
　　❸ 大韩去中国学习汉语。

티엔티엔 글로 표현하기　写一写　쓰기

01 ❶ C 点　　❷ E 差　　❸ D 去
　　　diǎn　　　chà　　　qù

02 ❶ 现在几点？
　　　Xiànzài jǐ diǎn?
　　❷ 我两点半下班。
　　　Wǒ liǎng diǎn bàn xià bān.
　　❸ 我去健身房做运动。
　　　Wǒ qù jiànshēnfáng zuò yùndòng.

UNIT 13 얼마예요?

티엔티엔 듣고 표현하기　听一听　듣기

01 ❶ 五块一。
　　❷ 一个面包两块八毛一。
　　❸ 一共四十四块钱。

　　❶ C　　❷ B　　❸ B

02 ❶ A: 你要几斤草莓？
　　　B: 来两斤。
　　❷ A: 还要别的吗？
　　　B: 再来两杯咖啡。
　　❸ A: 三十三块钱？太贵了，便宜点儿吧。
　　　B: 行，那就三十一块吧。

　　❶ O　　❷ X　　❸ X

티엔티엔 글로 표현하기　写一写　쓰기

01 ❶ A 多少　　❷ E 怎么　　❸ C 来
　　　duōshao　　 zěnme　　　lái

02 ❶ 你还要别的吗？
　　　Nǐ hái yào biéde ma?
　　❷ 一共四十块钱。
　　　Yígòng sìshí kuài qián.
　　❸ 太贵了，便宜(一)点儿吧。
　　　Tài guì le, piányi (yì)diǎr ba.

UNIT 14 베이징은 여기서 멀어요?

티엔티엔 듣고 표현하기　听一听　듣기

01 ❶ A: 首尔离北京远吗？
　　　B: 不太远。
　　❷ A: 民国打算去哪儿学汉语？
　　　B: 他打算去上海学汉语。
　　❸ A: 祝你一路顺风！
　　　B: 谢谢！

　　❶ C　　❷ B　　❸ B

02 ❶ A: 中国离韩国远不远？
　　　B: 不太远。
　　❷ A: 民国什么时候去北京？
　　　B: 他下个月去北京。
　　❸ A: 北京烤鸭很好吃，咱们去尝尝吧。
　　　B: 好的。

❶ X　　❷ X　　❸ O

티엔티엔 글로 표현하기　　써-써　　쓰기

01　❶ A 远　　❷ D 什么时候　　❸ E 离
　　　yuǎn　　　shénme shíhou　　　lí

02　❶ 听说北京烤鸭很好吃。
　　　Tīngshuō Běijīng Kǎoyā hěn hǎo chī.

　　❷ 我打算去北京大学学汉语。
　　　Wǒ dǎsuan qù Běijīng Dàxué xué Hànyǔ.

　　❸ 祝你一路顺风！
　　　Zhù nǐ yí lù shùn fēng!

* 매 unit의 티엔티엔 생각 표현하기의 정답은
파고다 북스 홈페이지(www.pagodabook.com)에서
다운로드 하실 수 있습니다.

索引

A

啊	à	132
爱	ài	24
爱人	àiren	94

B

吧	ba	112
爸爸	bàba	42
半	bàn	144
报	bào	60, 147
包子	bāozi	60, 105
杯	bēi	104
北京	Běijīng	162
北京大学	Běijīng Dàxué	162
北京烤鸭	Běijīng Kǎoyā	162
本	běn	104
本子	běnzi	61
笔	bǐ	54
别的	biéde	152
不	bù	20
不客气	bú kèqi	20
不太	bú tài	162
补习班	bǔxíbān	166

C

餐厅	cāntīng	112
草莓	cǎoméi	152
茶	chá	24
差	chà	144
尝	cháng	162
车	chē	93
吃	chī	25, 54
词典	cídiǎn	80
聪明	cōngming	112

D

大	dà	81, 92
大韩	Dàhán	30
打算	dǎsuan	162
的	de	88
等	děng	167
点	diǎn	124, 142
电脑	diànnǎo	54
电视	diànshì	54
电影	diànyǐng	60, 114, 132
弟弟	dìdi	88
都	dōu	30
对	duì	112
对不起	duìbuqǐ	20
多	duō	122
多少	duōshao	152

E

F

饭	fàn	25
饭馆儿	fànguǎnr	82
非常	fēicháng	112
分	fēn	142
父母	fùmǔ	122
父亲	fùqin	122

G

| 儿子 | érzi | 107 |

高	gāo	49, 122
高兴	gāoxìng	66
个	ge	102, 104
歌	gē	165
跟	gēn	112
个子	gèzi	49, 122
公斤	gōngjīn	125
公司	gōngsī	164
公司职员	gōngsī zhíyuán	117
工作	gōngzuò	42, 112
狗	gǒu	122
逛街	guàng jiē	137
贵	guì	66
国	guó	66

H

哈尔滨	Hā'ěrbīn	168
还	hái	152
韩国人	Hánguórén	59
汉语	Hànyǔ	48
号	hào	132
好	hǎo	20, 24
好吃	hǎo chī	162
喝	hē	24, 54
和	hé	102
很	hěn	30
回	huí	82
护士	hùshi	115

J

几	jǐ	102
家	jiā	82, 102
见	jiàn	116
减肥	jiǎn féi	142
健身房	jiànshēnfáng	142
叫	jiào	66
家人	jiārén	30
金	Jīn	66
斤	jīn	152
近	jìn	164
今年	jīnnián	122
今天	jīntiān	132, 134
就	jiù	76
记者	jìzhě	117

K

咖啡	kāfēi	54
咖啡厅	kāfēitīng	116
看	kàn	24
可乐	kělè	60
客气	kèqi	20

索引

口	kǒu	102
快	kuài	115, 157
块	kuài	152
快乐	kuàilè	132
筷子	kuàizi	145

L

来	lái	25, 81
老师	lǎoshī	20
了	le	125
累	lèi	34
离	lí	162
两	liǎng	102
礼拜	lǐbài	134
零	líng	134, 144

M

吗	ma	30
卖	mài	152
买	mǎi	25, 42
忙	máng	34, 42
没关系	méi guānxi	20
美娜	Měinà	42
没有	méiyǒu	88
美珍	Měizhēn	54
米	mǐ	122
面包	miànbāo	54
明天	míngtiān	132
民国	Mínguó	20
名字	míngzi	66
母亲	mǔqin	122

N

那	nà	54
哪	nǎ	66
那(么)	nà(me)	142
奶奶	nǎinai	107
难	nán	83
男朋友	nán péngyou	80, 88

那儿	nàr	76
哪儿	nǎr	76
呢	ne	30
你	nǐ	20
年纪	niánjì	122
您	nín	20
女儿	nǚ'ér	107

O

哦	ò	102

P

胖	pàng	83
便宜	piányi	152
漂亮	piàoliang	102
啤酒	píjiǔ	60, 104
苹果	píngguǒ	104

Q

钱	qián	95
请	qǐng	66
请问	qǐng wèn	66
去	qù	76
全家福	quánjiāfú	102

R

人	rén	66
认识	rènshi	66

S

三刻	sān kè	144
上班	shàng bān	146
上海	Shànghǎi	116

上午	shàngwǔ	146
谁	shéi	88
生日	shēngrì	132
什么	shénme	54
什么时候	shénme shíhou	162
身体	shēntǐ	42
是	shì	54
时间	shíjiān	157
首尔	Shǒu'ěr	82
售货员	shòuhuòyuán	152
手机	shǒujī	61, 88
书	shū	42
属	shǔ	122
书包	shūbāo	94
水	shuǐ	155
水果	shuǐguǒ	157
睡觉	shuì jiào	135
说	shuō	157
岁	suì	122

T

他	tā	42
太	tài	152
他们	tāmen	30
谈恋爱	tán liàn'ài	137
听	tīng	81
挺	tǐng	122
听说	tīngshuō	162
图书馆	túshūguǎn	76

W

王明	Wáng Míng	30
问	wèn	66, 165
我	wǒ	30

X

下班	xià bān	142
下次	xià cì	112
下个月	xià ge yuè	162

下课	xià kè	146	(一)点儿	(yì)diǎnr	152	再见	zàijiàn	20
现在	xiànzài	124, 142	一共	yígòng	152	咱们	zánmen	142
小东	Xiǎodōng	20	以后	yǐhòu	142	早	zǎo	25
下午	xiàwǔ	142	一刻	yí kè	144	怎么	zěnme	152
谢谢	xièxie	20	一路顺风	yí lù shùn fēng	162	这	zhè	54
行	xíng	152	银行	yínháng	80	真	zhēn	102
姓	xìng	66	音乐	yīnyuè	81	这儿	zhèr	162
星期	xīngqī	132, 134	一起	yìqǐ	112	知道	zhīdao	76
星期五	xīngqīwǔ	132	医生	yīshēng	92, 112	中国	Zhōngguó	66
洗手间	xǐshǒujiān	164	医院	yīyuàn	115	中国人	Zhōngguórén	61
休息	xiūxi	114	用	yòng	145	周	zhōu	134
学	xué	48	有	yǒu	88	住	zhù	82
学生	xuésheng	59	远	yuǎn	76	祝	zhù	132
学习	xuéxí	49	月	yuè	132	猪肉	zhūròu	152
学校	xuéxiào	81, 112	运动	yùndòng	142	自行车	zìxíngchē	95
						做	zuò	112

Y

要	yào	152
也	yě	30

Z

在	zài	76, 112
再	zài	152

파고다 중국어

티엔티엔 중국어 개정판

기초 1

간체자 쓰기노트

PAGODA Books

UNIT 1 你好!

你 nǐ (7획)

你好! Nǐ hǎo! 안녕하세요!

好 hǎo (6획)

好看 hǎokàn 보기 좋다

谢 xiè (12획)

谢谢! Xièxie! 감사합니다!

客 kè (9획)

不客气! Búkèqi! 천만에요!

再 zài
6획

再见! zàijiàn! 안녕히 가세요(계세요)!

再 再 再 再 再 再

再 再

见 jiàn
4획

见面 jiàn miàn 만나다

见 见 见 见

见 见

老 lǎo
6획

老师 lǎoshī 선생님

老 老 老 老 老 老

老 老

师 shī
6획

师傅 shīfu 사부, 숙련공, 선생(남에 대한 경칭)

师 师 师 师 师 师

师 师

UNIT 2 你好吗?

吗 ma

你好吗? Nǐ hǎo ma? 잘 지내세요?

吗 吗 吗 吗 吗 吗

吗 吗

我 wǒ

我们 wǒmen 우리들

我 我 我 我 我 我 我

我 我

很 hěn

很忙。 Hěn máng. (매우) 바쁘다.

很 很 很 很 很 很 很 很 很

很 很

呢 ne

你呢? Nǐ ne? 당신은요?

呢 呢 呢 呢 呢 呢 呢 呢

呢 呢

也 yě (3획)

我也很好。 Wǒ yě hěn hǎo. 나도 매우 잘 지내요.

也 也 也

也 也

家 jiā (10획)

家人 jiārén 가족

家 家 家 家 家 家 家 家 家 家

家 家

都 dōu (10획)

我们都很忙。 Wǒmen dōu hěn máng. 우리들은 모두 바쁘다.

都 都 都 都 都 都 都 都 都 都

都 都

他 tā (5획)

他们 tāmen 그들

他 他 他 他 他

他 他

们 men (5획)

老师们 lǎoshīmen 선생님들

们 们 们 们 们

们 们

爱 ài (10획)

可爱 kě'ài 귀엽다, 사랑스럽다

爱 爱 爱 爱 爱 爱 爱 爱 爱

爱 爱

3 你买书吗?

买 mǎi — 6획
买卖 mǎimài 장사
买 买 买 买 买 买
买 买

书 shū — 4획
书包 shūbāo 책가방
书 书 书 书
书 书

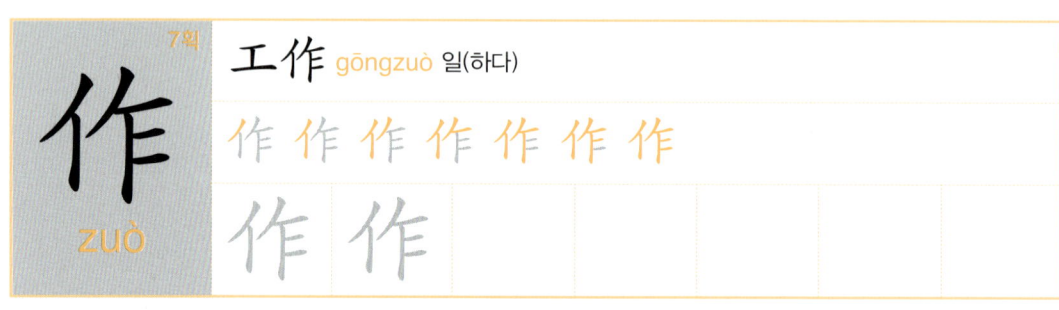
作 zuò — 7획
工作 gōngzuò 일(하다)
作 作 作 作 作 作 作
作 作

忙 máng — 6획
不忙。 bù máng. 바쁘지 않아요.
忙 忙 忙 忙 忙 忙
忙 忙

爸 bà 8획
爸爸 bàba 아빠, 아버지

身 shēn 7획
身高 shēngāo 키, 신장

体 tǐ 7획
身体 shēntǐ 신체, 건강

美 měi 8획
美国 Měiguó 미국

4 这是什么?

这 zhè (7획)
这儿 zhèr 여기

是 shì (9획)
不是 bú shì ~아니다

什 shén (4획)
什么 shénme 무엇

笔 bǐ (10획)
笔记本 bǐjìběn 노트

那 nà (6획)
那儿 nàr 그곳, 거기

电 diàn (5획)
电视 diànshì TV, 텔레비전

视 shì (8획)
视力 shìlì 시력

脑 nǎo (10획)
电脑 diànnǎo 컴퓨터

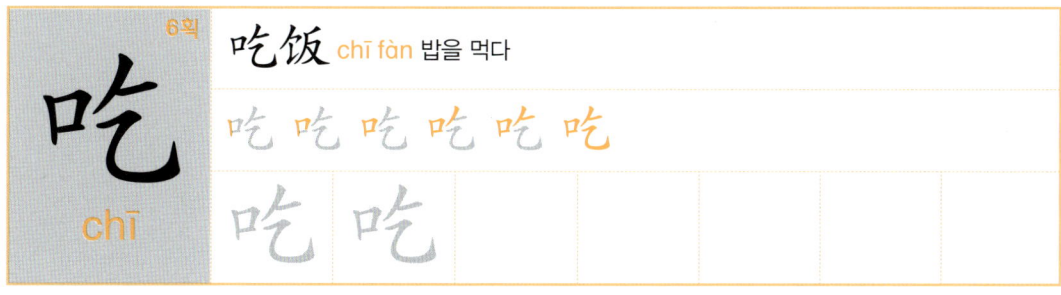

UNIT 5 您贵姓?

请 qǐng (10획)

请问。Qǐng wèn. 말씀 좀 묻겠습니다.

问 wèn (6획)

问题 wèntí 문제

贵 guì (9획)

您贵姓? Nín guì xìng? 당신의 성은 무엇입니까?

姓 xìng (8획)

姓名 xìngmíng 성명

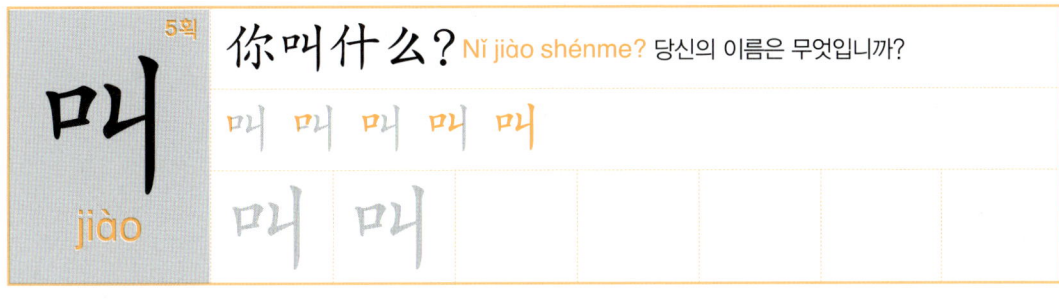

6 你去哪儿?

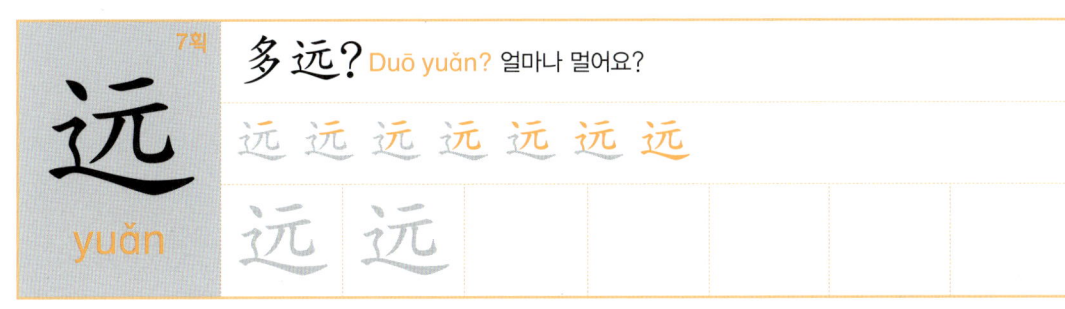

在 zài (6획)

在家。 zài jiā. 집에 있어요.

就 jiù (12획)

就是 jiùshì 바로 ~이다

知 zhī (8획)

知道 zhīdao 알다

道 dào (12획)

街道 jiēdào 길, 거리

UNIT 7 他是谁？

谁 shéi (10획)
谁的 shéide 누구의

的 de (8획)
我的 wǒde 나의 것

手 shǒu (4획)
手机 shǒujī 휴대전화

机 jī (6획)
飞机 fēijī 비행기

有 yǒu 6획
有钱 yǒuqián 돈이 많다, 부유하다

没 méi 7획
没有 méiyǒu 없다

男 nán 7획
男的 nánde 남자

朋 péng 8획
朋友 péngyou 친구

友 yǒu 4획

友谊 yǒuyì 우정

友 友 友 友
友 友

UNIT 8 你家有几口人?

几 jǐ (2획) — 几个 jǐ ge 몇 개

两 liǎng (7획) — 两位 liǎng wèi 두 분

个 ge (3획) — 个子 gèzi 키

和 hé (8획) — 温和 wēnhé 온화하다

全 6획 quán	全部 quánbù 전부	
	全 全 全 全 全 全	
	全 全	

福 13획 fú	全家福 quánjiāfú 가족사진	
	福 福 福 福 福 福 福 福 福 福 福 福 福	
	福 福	

她 6획 tā	她们 tāmen 그녀들	
	她 她 她 她 她 她	
	她 她	

真 10획 zhēn	真实 zhēnshí 진실하다	
	真 真 真 真 真 真 真 真 真 真	
	真 真	

漂 piào — 14획

漂亮 piàoliang 아름답다

亮 liàng — 9획

天亮了。 Tiān liàng le. 날이 밝았어요.

UNIT 9 你在哪儿工作？

跟 gēn (13획)

跟我们 gēn wǒmen 우리와

起 qǐ (10획)

一起 yìqǐ 함께

餐 cān (16획)

餐厅 cāntīng 식당

厅 tīng (4획)

咖啡厅 kāfēitīng 카페

吧 ba (7획)	一起去吧。Yìqǐ qù ba. 같이 가요.
做 zuò (11획)	做菜 zuò cài 요리를 하다
医 yī (7획)	医院 yīyuàn 병원
生 shēng (5획)	出生 chūshēng 출생하다

聪 cōng — 15획

聪明 cōngmíng 총명하다

聪聪聪聪聪聪聪聪聪聪聪聪聪聪聪

聪 聪

校 xiào — 10획

学校 xuéxiào 학교

校校校校校校校校校校

校 校

次 cì — 6획

两次 liǎng cì 두 번

次次次次次次

次 次

UNIT 10 你今年多大?

今 jīn (4획)
今天 jīntiān 오늘

年 nián (6획)
年纪 niánjì 나이, 연령

多 duō (6획)
多少 duōshao 얼마

岁 suì (6획)
岁月 suìyuè 세월

母 mǔ (5획)	母亲 mǔqīn 어머니
	母 母 母 母 母
	母 母

纪 jì (6획)	纪念 jìniàn 기념
	纪 纪 纪 纪 纪 纪
	纪 纪

亲 qīn (9획)	亲戚 qīnqī 친척
	亲 亲 亲 亲 亲 亲 亲 亲 亲
	亲 亲

挺 tǐng (9획)	挺好。Tǐng hǎo. 매우 좋아요.
	挺 挺 挺 挺 挺 挺 挺 挺 挺
	挺 挺

6획 米 mǐ	米饭 mǐfàn 쌀밥

12획 属 shǔ	属于 shǔyú ~에 속하다

8획 狗 gǒu	小狗 xiǎogǒu 강아지

UNIT 11 今天几月几号?

月 yuè (4획)
月亮 yuèliang 달

号 hào (5획)
几月几号? Jǐ yuè jǐ hào? 몇 월 며칠입니까?

星 xīng (9획)
明星 míngxīng 별, 스타(연예인)

期 qī (12획)
星期五 xīngqīwǔ 금요일

明 míng (8획)

明天 míngtiān 내일

明 明 明 明 明 明 明 明

明 明

天 tiān (4획)

天气 tiānqì 날씨

天 天 天 天

天 天

祝 zhù (9획)

祝你生日快乐! Zhù nǐ shēngrì kuàilè! 생일 축하합니다!

祝 祝 祝 祝 祝 祝 祝 祝 祝

祝 祝

快 kuài (7획)

快乐 kuàilè 즐겁다

快 快 快 快 快 快 快

快 快

乐 lè 5획	乐趣 lèqù 기쁨
	乐 乐 乐 乐 乐
	乐 乐

想 xiǎng 13획	想象 xiǎngxiàng 상상
	想 想 想 想 想 想 想 想 想 想 想 想 想
	想 想

影 yǐng 15획	电影 diànyǐng 영화
	影 影 影 影 影 影 影 影 影 影 影 影 影 影 影
	影 影

零 líng 13획	零食 língshí 간식
	零 零 零 零 零 零 零 零 零 零 零 零 零
	零 零

UNIT 12 现在几点?

现 xiàn — 8획

现在 xiànzài 지금

现 现 现 现 现 现 现 现
现 现

点 diǎn — 9획

点心 diǎnxin 간식거리

点 点 点 点 点 点 点 点
点 点

分 fēn — 4획

现在几点几分? Xiànzài jǐ diǎn jǐ fēn? 지금은 몇 시 몇 분입니까?

分 分 分 分
分 分

班 bān — 10획

下班 xià bān 퇴근하다

班 班 班 班 班 班 班 班
班 班

后 hòu (6획)

以后 yǐhòu 이후

健 jiàn (10획)

健身房 jiànshēnfáng 헬스클럽

房 fáng (8획)

房子 fángzi 집

运 yùn (7획)

运动 yùndòng 운동하다

动 dòng (6획)
动物 dòngwù 동물

动 动 动 动 动 动
动 动

减 jiǎn (11획)
减肥 jiǎn féi 다이어트 하다

减 减 减 减 减 减 减 减 减 减 减
减 减

肥 féi (8획)
肥胖 féipàng 비만

肥 肥 肥 肥 肥 肥 肥 肥
肥 肥

咱 zán (9획)
咱们 zánmen 우리들

咱 咱 咱 咱 咱 咱 咱 咱
咱 咱

UNIT 13 多少钱?

怎 zěn (9획)
怎么 zěnme 어떻게

卖 mài (8획)
小卖部 xiǎomàibù 매점

块 kuài (7획)
一块 yí kuài 한 덩어리, 1 위안

斤 jīn (4획)
公斤 gōngjīn 킬로그램(kg)

要 yào (9획)

我要两斤。 Wǒ yào liǎng jīn. 두 근 필요합니다.

还 hái (7획)

还要别的吗? Hái yào biéde ma? 다른 것 더 필요하세요?

别 bié (7획)

别的 biéde 다른 것

肉 ròu (6획)

猪肉 zhūròu 돼지 고기

共 gòng (6획)

一共 yígòng 모두, 전부

共 共 共 共 共 共

共 共

钱 qián (10획)

多少钱? Duōshao qián? 얼마예요?

钱 钱 钱 钱 钱 钱 钱 钱 钱 钱

钱 钱

便 pián / biàn (9획)

方便 fāngbiàn 편리하다

便 便 便 便 便 便 便 便

便 便

宜 yí / yi (8획)

便宜 piányi 저렴하다

宜 宜 宜 宜 宜 宜 宜 宜

宜 宜

UNIT 14 北京离这儿远吗?

听说 tīng shuō 듣자 하니

说 说 说 说 说 说 说 说 说
说 说

打包 dǎbāo 포장하다

打 打 打 打 打
打 打

打算 dǎsuan 계획, ~할 생각이다

算 算 算 算 算 算 算 算 算 算 算 算 算 算
算 算

离这儿远吗? Lí zhèr yuǎn ma? 여기서부터 멉니까?

离 离 离 离 离 离 离 离 离 离
离 离

时 shí	**7획** 时间 shíjiān 시간

候 hòu	**10획** 什么时候 shénme shíhou 언제

尝 cháng	**9획** 尝尝 chángchang 맛 좀 보다

北 běi	**5획** 东西南北 dōng xī nán běi 동서남북

京 jīng (8획)
北京 Běijīng 베이징

路 lù (13획)
一路顺风! Yí lù shùn fēng! 순조로운 여행길 되세요!

烤 kǎo (10획)
烤鸭 kǎoyā 오리구이

鸭 yā (10획)
鸭子 yāzi 오리

PAGODA Books

수강과정 :

이름 :